马自达设计之魂

设计与品牌价值

【日】日经设计 / 广川淳哉　编著
李峥　译

机械工业出版社

《马自达设计之魂：设计与品牌价值》详细介绍了马自达公司"魂动"设计理念的孕育及发展历程，以及由此衍生的马自达"共创"精神，并由此对藉设计之力重塑企业品牌形象这一话题进行了深入探讨。

本书第1~3章分别以CX-8、CX-5、MX-5、阿特兹、昂克赛拉等马自达代表车型为例，讲解了"魂动"设计理念的不同设计表现形式，以及其中所蕴含的日式美学概念；第4章着重介绍了由"魂动"设计理念衍生而来的马自达"共创"精神；第5章收录了对"魂动"设计理念缔造者、马自达常务执行董事兼设计·品牌形象负责人前田育男先生的文字采访内容。前田育男先生结合自身经历和感想，讲述了"魂动"设计理念的孕育和发展之路，以及众多马自达人为重塑品牌形象所付出的卓绝努力。

《马自达设计之魂：设计与品牌价值》所聚焦的汽车设计理念、思路和技巧，以及众多鲜活的企业运营管理案例，非常值得广大汽车设计师及整车制造企业参考借鉴。同时，对广大汽车爱好者，尤其是马自达车迷而言，本书会成为他们深入领略马自达品牌文化精髓的不可多得的心爱之物。

前　言

我们为什么要谈起马自达的设计？

在众多汽车制造企业中，马自达的设计与研发理念无疑是独树一帜的。如今，消费者在挑选汽车时愈发重视油耗水平和车内空间，而马自达向客户传达的却是旗下产品令人过目不忘的造型设计与无尽的驾驶乐趣。马自达采取的经营战略是准确把握核心客户群，并秉承着"全世界只要有百分之二的消费者认可马自达汽车便足矣"的品牌经营理念。自实施这项战略以来，马自达汽车的全球市场销量一直处于稳步增长态势，在2017年3月底进行的年度结算中，更是创下了有史以来的最高销量纪录。

赋予马自达前进动力的正是设计。自己的强项是什么？自己想要制造的是什么？马自达之所以将设计作为构建品牌形象的核心要素，正是源于对上述自身发展问题的深入思考。2010年，马自达交出了自己的答卷，推出了全新的"魂动"设计理念（KODO，Soul of Motion），首款基于"魂动"设计理念的概念车名为"靭"（SHINARI）。2012年，马自达正式推出了采用"魂动"理念设计的两款量产车——第一代CX-5和第三代阿特兹（Atenza，在我国原称马自达6，现称阿特兹，此后如无特别说明，均称阿特兹）。两款全新车型携手马自达最新的"创驰蓝天技术"（SKYACTIV TECHNOLOGY），向全球汽车市场发起了新一轮攻势。

随着理念的转变，马自达全体员工对待工作的态度也在悄然变化。而促动这一系列变化的重要项目，正是第四代Roadster（在我国称MX-5，此后如无特别说明，均称MX-5）。在这款举世瞩目的全新跑车正式发售前一年，即 2014 年，马自达领导层确定最终设计方案后，将所有生产部门的员工召集到一起，举行了一场特殊的设计研讨会。会议中，设计师向负责制作模具以及生产流水线上的员工们详细地阐述了 MX-5 的设计理念，逐一讲解了各项设计元素的重要性，这一举动使原本经常处于"对立"局面的各部门"冰释前嫌"，同时孕育出宝贵的"共创"精神。

  现在，由全新产品设计理念催生的这股"干劲儿"，正逐步通过所有马自达面向客户的媒介传播开来。销售店、宣传册、网站、员工名片等一切客户可能触及的媒介，都在为宣传统一的马自达品牌形象而不断改革。

  目前来看，尽管一切正向着马自达预期的方向发展，但这并不意味着他们能一劳永逸，前方一定会出现各种艰难险阻，等待着马自达人去挑战。面对未知的困难，马自达决定主动出击，继续对"魂动"理念进行深化改进，他们试图将传统日式美学理念中的"减法"概念引入汽车设计领域。于是，继 2015 年公布 RX-VISION 后，马自达又于 2017 年推出了全新概念车 VISION COUPE。

  设计的力量可以使一家公司发生翻天覆地的变化，如今的马自达就是最好的例证。同时，马自达的成功之路也为那些希望凭借设计力量来改造品牌形象的企业，提供了一个极具参考价值的案例。

目　　录

前言　我们为什么要谈起马自达的设计?

第1章　不断进化的"魂动"理念 1

预示未来的全新概念车 4
摆脱固有造型的束缚,追寻"魂动"理念的本质 18
将"CAR as ART"作为奋斗目标的艺术家们 26

第2章　"魂动"理念的超强阵容 35

CX-8:日式顶级七座SUV 41
CX-5:引领设计理念变革的急先锋 50
MX-5:探寻Roadster的理想形态 60
MX-5 RF:独具一格的硬顶敞篷跑车 70
CX-3:将"魂动"理念引入跨界领域 76
马自达2:越级的"小家伙" 86
昂克赛拉:将驾驶变为一种本能 96
阿特兹:引领马自达设计进入成熟阶段的旗舰车型 106

第3章　快速提升生产工艺的"共创"活动 115

不断前行的色彩开发工作 118
提升设计水平的工艺改革活动 123
马自达磨练设计师悟性的方法 132

第4章　打造全新马自达品牌形象 137

将"魂动"理念渗透到客户所能接触的每一个角落 140
与建筑设计师之间的"共创"活动 156

第5章 马自达设计的前世今生 161

创造车辆全新表现和孕育企业独特文化是马自达设计在重塑品牌形象过程中肩负的重要使命 164

马自达设计之路 189

1959年/K360 191
20世纪60年代 192
1960年/R360 Coupe 193
1967年/Cosmo Sport 195
1968年/Familia Rotary Coupe 198
1969年/Luce Rotary Coupe 200
20世纪70年代 202
1971年/Savanna 203
1978年/RX-7 204
1980年/第五代Familia 207
1981年/第三代Cosmo 208
1989年/MX-5 210
20世纪90年代 212
1991年/第三代RX-7 213
1992年/Eunos 500 214
2002年/第一代阿特兹 215
2005年/第三代MX-5 216

第1章

不断进化的"魂动"理念

曾经一次又一次思考,
造型为何物,美又为何物。
汽车为何物,马自达又为何物。
"CAR as ART"
——车者,艺术也。

预示未来的全新概念车

2017 年 10 月,首次在东京国际车展上亮相的 VISION COUPE 与 2015 年推出的 RX-VISION 组成"文武双璧",成为马自达设计的最新形象标志。同时,这也预示着马自达品牌所承载的设计理念正在向全新的方向进化。

VISION COUPE 是一款充分展现了日式美学理念的四门轿跑车,它不仅代表了马自达最新的设计形象,还预示了马自达未来的设计进化方向

　　VISION COUPE 是马自达在 2017 年东京国际车展上首发的一款全新概念车。这款车身线条舒展、整体造型优雅的四门轿跑车，不仅体现出马自达当前的最高设计水平，还向世人预告了马自达今后的总体设计发展方向。此外，VISION COUPE 的根本职责并非在展台上"舞弄风骚"，马自达将它视为向所有员工展示未来设计方向的"学习模型"。很多汽车制造商在车展上公布的所谓概念车，往往与上市后的量产车在外观上有很大出入，这难免给人一种纸上谈兵的感觉。而 VISION COUPE，是马自达真正用来奠定未来设计基础的作品，绝对称得上是货真价实的概念车。

这款车的整体造型将流体美感展现得淋漓尽致。在极简风格的指引下,难以压抑的速度感从车身上"喷涌而出",同时散发着一种只有高雅绅士才具备的凛然气质

概念车的真实作用究竟是什么?

  目前,马自达旗下共有三款可称为"学习模型"的概念车。其中,2010年率先登场的"靭"对马自达此后的设计理念产生了深远影响。所有2012年后上市的车型,例如2015年的第四代MX-5和2017年的第二代CX-5,在设计风格上均传承了"靭"的独到哲学,设计师只是根据不同的车系选择了相应的表现手法,力求塑造一个动感而又统一的品牌设计形象。
  "靭"诞生七年后,马自达根据全新进化的"魂动"理念,推出了第二款可称为"学习模型"的概念车VISION COUPE。

这款概念车没有像"靭"那样为表现动态美感而以丰富的线条来塑造车身，但这并不代表它的外形就是单调乏味的。马自达试图柔化"魂动"理念所强调的动感韵律，通过"减法"美学来营造一种凝聚效果，进而创造一种简单而纯粹的车身设计理念。在"化繁为简"的设计思路指引下，"速度与激情"之美从VISION COUPE 的流线型车身中涓涓而出，游走在车肩上的凛然高光更是将整个车身衬托得熠熠生辉。

行驶过程中，周围的景物会在 VISION COUPE 的丰盈之身上自然"流淌"，而变幻无穷的光影则会在不经意间为 VISION COUPE 创造出鲜活灵动的生命之感。自 2010 年开启设计变革

VISION COUPE看似简单的车身造型中，实际上展现了马自达设计理念的全新进化方向：柔化"魂动"理念所强调的动感韵律，通过"减法"美学来营造一种凝聚效果

后,马自达汽车的整体风格变得愈发丰富且细腻,每一款车都仿佛要与自然融为一体。这种赋予汽车生命之美的设计手法,将"魂动"理念所蕴含的雅致格调表现得淋漓尽致,而马自达的整体设计水平也藉此迈上了新的高度。

第三款可称为"学习模型"的概念车是 2015 年推出的 RX-VISION。承载着马自达转子之魂的 RX-VISION,不仅体现了马自达勇于挑战的精神,还代表了新一代马自达设计理念的另一种表现形式。以至于在它身上随处可见与 VISION COUPE 的设计理念相对立的元素。

首先,从造型上看,VISION COUPE 的车身贯穿了一条笔

VISION COUPE 没有像"靱"那样为表现动态美感而以丰富的线条来塑造车身,而是力求通过变幻无穷的光影为车身营造鲜活灵动的生命之感

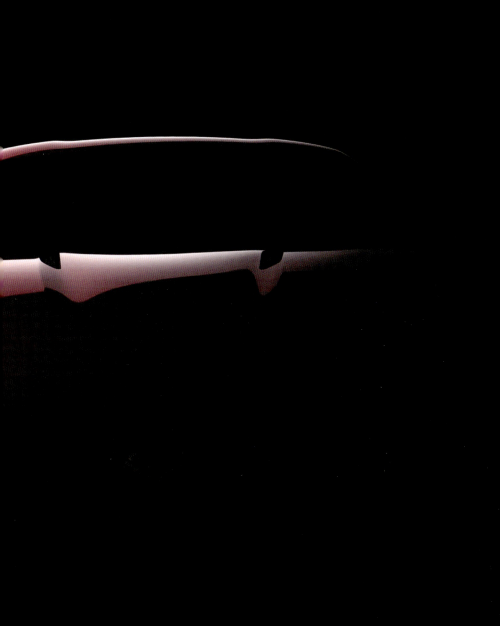

承载着马自达转子之魂的概念车RX-VISION，代表了新一代马自达设计理念的另一种表现形式

  直的腰线，在灯光的照射下，车肩上会形成一道锐利而硬朗的光带，因此它给人留下的第一印象是刚劲之感。而车身采用大量曲面设计的 RX-VISION，带给人的则是一种柔美之感，同样的灯光在车身上汇聚而成的是一道柔和而舒展的"Z"形光带。

  其次，在色彩方面，马自达为 VISION COUPE 挑选的颜色是象征着冰冷机械的"铂钢灰"，而 RX-VISION 采用的则是马自达标志性的"魂动红"。如果用形容武士刀的"凛"来代表 VISION COUPE 的色彩，那么 RX-VISION 的色彩代表的就是如花朵般的"艳"。

光线在RX-VISION的车身上汇聚成一道柔和而舒展的"Z"形光带,独特的造型设计与细腻的车身曲面令RX-VISION迸发出绚丽多彩的生命之美

通过风格迥异的两款概念车，马自达向世人展示了"魂动"理念催生的两种截然不同的表现形式，同时，它们也是新一代马自达设计理念所追求的"减法"美学的真实体现。作为"魂动"理念的重要组成部分，"生命力"这一概念将VISION COUPE的刚劲与RX-VISION的娇艳巧妙地联系到一起，完美地诠释了马自达设计哲学的精妙所在。

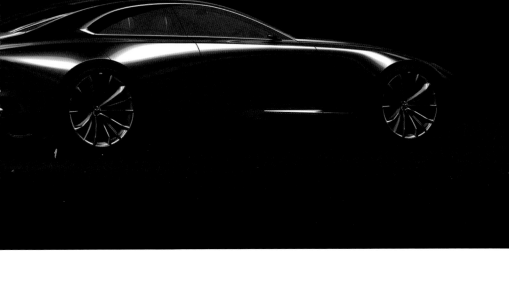

如果用形容武士刀的"凛"来代表VISION COUPE的色彩，那么RX-VISION的色彩代表的就是如花朵般的"艳"

摆脱固有造型的束缚，追寻"魂动"理念的本质

汽车不该只是一部冰冷的机器。
马自达将"魂动"理念与传统日式美学结合，
用设计的力量赋予汽车生命之灵。

2008年，美国次贷危机以不可阻挡之势席卷全球，汽车行业因此面临着空前的危机。马自达在这场危机中同样未能幸免，销量曾一度出现断崖式下滑。直到2010年，持续低迷近两年之久的全球汽车市场才逐渐有回暖之势。官方统计数据显示，2017年，马自达在全球市场总计销售汽车约160万辆，这是自2004年马自达正式对外公布统计数据以来创造的最高销量。

马自达之所以能取得这样的成就，很大程度上要归功于其自2010年开始执行的，以汽车设计为核心的高度自主化产品开发理念。马自达从未奢求旗下产品能赢得所有消费者的认可，而只将占消费者总数百分之二的忠实"马粉"定位为自己的核心客户群，换言之，能引起全球"马粉"强烈共鸣的车型，才是马自达未来的重点开发对象。

在这一思想的指引下，马自达先是于2010年发布了全新的"魂动"设计理念，后又于2012年推出了首批采用"魂动"理念设计的两款量产车——第一代CX-5和第三代阿特兹。从此，"魂动"理念便深深地融入了每一辆马自达汽车的灵魂之中。如今，回头再看，"魂动"理念不仅提高了马自达单款车型的设计价值，还提升了马自达车系整体的品牌识别度，在构建马自达全球统一品牌形象的过程中发挥了不可替代的作用。

摆脱传统造型束缚的"魂动"理念

"魂动"理念并不是一种具体指导汽车进气格栅形状或车身线条尺寸的设计规则。例如，第四代MX-5和第四代马自达2（日本国内称Demio，我国称马自达2，此后如无特别说明，均称马自达2）的前脸造型就存在显著的设计差异。"魂动"理念

象征着坚韧品格的"凛"、代表着生命绽放的"艳",以及早已深深融入马自达产品灵魂中的"动",构成了马自达"魂动"理念的三大基石

所真正倡导的，是为马自达旗下所有车系带来一种统一的设计思路，使马自达在提高品牌识别度的过程中，依然能保持旗下各车型相对独立的个性与魅力。

"用设计的力量赋予汽车生命之灵"是马自达在创造"魂动"理念时所秉承的一种信念。马自达认为，汽车在我们的生活中不应只是一部冰冷的机器，其实，它就如我们的家人、爱人一般，或是我们身边最亲近的伙伴。因此，"爱车"这个词，便首先浮现在马自达设计师的脑海中。我们知道，只有拥有生命的物体才懂得什么是爱，而生命的可贵之处便是拥有言语难以形容却又至高无上的灵魂，这正是"魂动"理念中"魂"字的由来。

而"动"这个字，既代表了马自达传统造车理念所强调的跃动造型，又代表了"随心而动，人马一体"的畅快驾控体验。可见，"动"的精神其实早已融入马自达的灵魂深处，如今更是成为"魂动"理念的一大基石。

除"动"之外，构成"魂动"理念精髓的还有"凛"和"艳"——两种根植于传统日式美学理念中的感性思想。其中，"凛"象征着武士刀千锤百炼的坚韧品格，"艳"象征着鲜花盛开时所绽放出的旺盛生命力。设计师在设计汽车时，除要苦思怎样平衡三种元素之间的关系，以决定整体设计幅度外，还要为如何确保每个车型都拥有相对独立且流畅的表现形式而冥想。

现在，"魂动"理念是时候向更深层次进化了。因为从本质上讲，汽车毕竟是一件商品，商业规则要求它必须不断变换新面孔，以刺激消费者的购买欲望。而在设计改进过程中，马自达的设计师逐渐认识到，原来自己苦苦追寻的设计创意，就蕴藏在生活中那些常见的传统美学理念中。于是，马自达将"魂动"理念的进化方向定为"新生优雅"，旨在立足于源远流长的崇高而细腻的传统审美意识，来构建全新的汽车设计理念。

大和民族自古以来便具有一种与自然融为一体的审美意识，长期受此思想熏陶的马自达设计师们认为，汽车也应积极融入自然中，成为自然的一分子。因此，"魂动"理念的灵感源泉，便由最初的"猎豹瞬间爆发的速度与力量之美"，转向了传统日式美学理念中的"内敛而丰盈之美"。另外，当我们谈到传统日式美学理念时，很多人首先想到的总是竹子、拉门等相对流于表面的物体。而马自达所倚重的，是对概念的准确把握，同时剖析深藏在物体内部的本质属性。

例如，在VISION COUPE的设计中，设计师先后运用了"留白""转换""反"以及"隔间"等源自传统日式美学理念的表现手法。在"减法"与"省略"间取得精妙平衡的"留白"，旨在通过对比的形式突显画面主体，向"留白"深处无限延伸的自然意境，则能使人获得至纯无暇的心灵感悟。"留白"为VISION COUPE带来了空间深度上的错觉，使车肩上追波逐影的高光更为引人注目，瞬息间迸发出动人的生命之美。

"转换"代表的是季节变换、生死更迭等世间万物都必然遵循的自然规律。体味季节变换之妙，感悟万物生死之道，是大和民族历尽风霜后由自然中获取的一种雅趣。由此，马自达设计师将车身上流淌的光影，巧妙地"转换"为生命所独具的灵动之感。

"反"在传统日式美学理念中通常指武士刀刀身部分所呈现

的弧度。马自达设计师将映射在 VISION COUPE 车肩上的锋利光带塑造为武士刀的刀身形状,试图利用武士刀所独有的凛然气质,传递给观者以紧张之感。另外,在设计 VISION COUPE 的内饰时,设计师借鉴了日本传统建筑理念中的"隔间"概念,意在为驾乘者创造一个具有环抱感的舒适空间。

　　设计工作并不像有些人想象的那样,只要将手中元素罗列在一起即可。只有下功夫将手中元素调和为相得益彰的和谐一体,才能领略到蕴含在物体内部的丰盈之美。基于对日本大众审美意识的研究与理解,马自达试图以一种更为细腻、大胆的方式,为汽车注入内敛的丰盈之美。这种对全新设计表现形式锲而不舍的态度,足以使我们感受到马自达将传统日式美学理念源源不断地融入品牌形象,创造独一无二设计风格的强烈意志。

庭院中无限延伸的自然意境——"留白"（左图），地面上展现的细腻光影变化——"转换"（右上图），以及屋檐两侧的凛然曲线——"反"

这种利用外廊和拉门,"暧昧"地将建筑内外分隔开来所形成的空间结构,便是日本传统建筑理念中的"隔间"概念。这种设计形式不仅充分利用了室内的每一寸空间,还为人们提供了一个富于环抱感的生活休闲环境

将"CAR as ART"作为奋斗目标的艺术家们

马自达在探索未来设计方向过程中所取得的成就,既离不开设计师的努力,也离不开高级设计工作室,以及油泥模型师、数字模型师等众多"艺术家"的支持与协作。

2010年,"靭"的诞生使当时尚处于抽象阶段的"魂动"理念得以具象化,负责开发设计工作的是马自达高级设计工作室

近年来，马自达一直致力于使汽车设计工作上升到艺术创作的高度，而为实现这一伟大目标，除需设计师努力提升设计水平外，还离不开众多敢于不断突破极限，追求自我的设计艺术家们的支持与协作。2015年，马自达提出了名为"CAR as ART"的设计理念，这代表了马自达将"魂动"理念提升至艺术高度的决心，马自达也希望设计师们能早日肩负起将汽车之美发挥到极致的重任。

将"魂动"理念具象化的重任，最终落在马自达设计部旗下新成立的高级设计工作室肩上。实际上，在高级设计工作室成立之前，马自达就已经在日本、北美及欧洲分别设立了独立的研发设计中心。2010年，正式提出以设计为品牌经营战略核心后，马自达又在设计总部内单独成立了一个高级设计工作室，作为规划品牌未来设计方向的重要决策机构。在将"魂动"理念向公司内部推广的过程中，高级设计工作室与时任马自达设计部部长，同时也是"魂动"理念创造者的前田育男先生，共同发挥了至关重要的作用。

创造独一无二的设计风格

成立之初，高级设计工作室主要肩负两项职责，一项是在车辆研发初始阶段明确设计方向和重点，另一项是尽快打造出一台能充分展现"魂动"理念设计思想的概念车。接到工作任务后，高级设计工作室立即投入到新一代概念车的设计准备工作中。最初，设计师们从猎豹集全身之力向前跃起的矫健身姿中获得了设计灵感，于2010年成功推出首款贯彻"魂动"理念的概念车"靭"。这台概念车的诞生，使当时尚处于抽象阶段的"魂动"理念得以具象化，同时也为马自达指明了未来的设计方向。如今，马自达的产品设计风格在经过"魂动"理念洗礼后发生了翻天覆地的变化。而这一切变化正源自"靭"，一台凝结了高级设计工作室设计师们汗水与智慧的完美概念车。

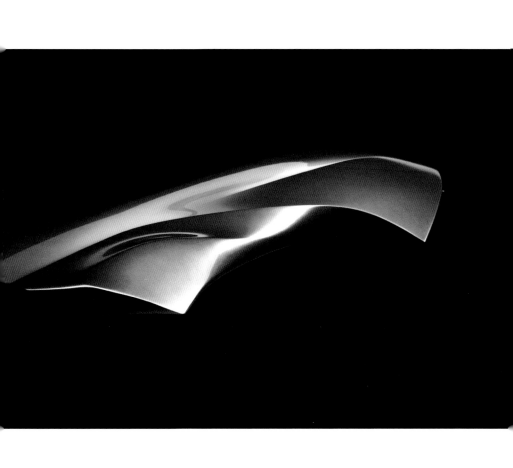

这件承载着概念车"靭"设计理念的雕塑工艺品,设计灵感源自猎豹集全身之力向前跃起时的矫健身姿,旨在展现"魂动"理念所追求的生命活力

除概念车外,高级设计工作室的设计师还携手油泥模型师共同制作了一些承载"靭"设计理念的雕塑作品。尽管我们从这些雕塑作品的外观上看不出半点汽车的影子,但能强烈感受到它们所散发出的,与概念车"靭"一脉相承的生命气息。如今,马自达的油泥模型师除了要能按设计要求制作车辆油泥模型外,还要具备一定的方案修改能力。因为在大多数情况下,设计师心中的理想设计形态是无法一次成形的,而油泥模型师在打磨油泥的一刀一划之间,或许会对设计理念产生更为深刻的领悟,进而为设计师提供一些更为合理且有效的建议。正因如此,在马自达内部,油泥模型师又被大家亲切地称为"匠模师"。

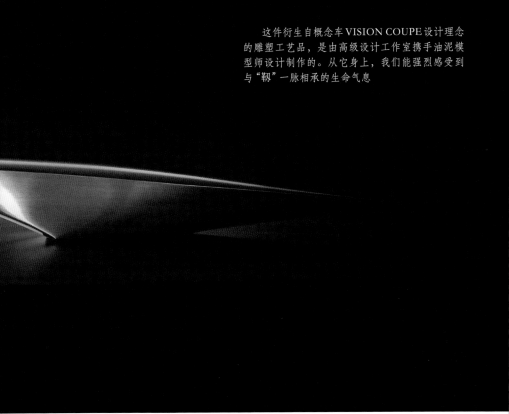

这件衍生自概念车VISION COUPE设计理念的雕塑工艺品,是由高级设计工作室携手油泥模型师设计制作的。从它身上,我们能强烈感受到与"魂"一脉相承的生命气息

类似的设计工作模式也存在于马自达的量产车型中。设计师在获得新设计灵感后,首先会制作一些能展现这一灵感的雕塑作品,确保自己的设计思路能一以贯之。同时,这些雕塑作品也是把握车型静态表现的重要参照之一。

概念车RX-VISION象征着"魂动"理念中的"艳",它的车身造型是由对汽车之魂有着深刻理解的设计师,以及拥有精巧手工技艺的匠模师们合力打造的。这些工匠们凭借着高超的技艺,使映射在车身上的光影呈现出活力无穷的变化形态,向人们展现了他们心中最理想的车身造型。

而象征着"魂动"理念中"凛"的概念车VISION COUPE,

由于车身对光线的反射条件有更为严格的要求,如果仍然按照之前的方法制作,就需要耗费很长时间。于是,油泥模型师与数字模型师共同开发了一种全新的造型方法。在设计师完成前期概念设计工作后,油泥模型师首先会按照图纸制作出相应的油泥模型,然后由数字模型师对模型进行3D建模,检验车身上的光线反射情况是否符合设计要求,并将检测数据反馈给油泥模型师。最后,油泥模型师根据反馈结果再次制作油泥模型。这一过程中,数字模型师并非单纯扮演"设计搬运工"的角色,他们会仔细体会油泥模型师的制作意图,然后在制作3D数字模型时加入自己对作品的理解,从而帮助油泥模型师打开思路,迸发出更多创意。

科技与人性的完美结合成就了概念车VISION COUPE内敛而又不失丰盈的优美造型。这犹如一首由油泥模型师与数字模型师携手演奏的马自达"共创"之曲

　　这犹如一首由油泥模型师与数字模型师携手演奏的马自达"共创"之曲。通过类似的"共创"活动，我们既能享受先进数字技术给设计带来的精准与便利，又能感受到散发自匠人之手的精工态度与炙热情怀。是科技与人性的完美结合，成就了概念车VISION COUPE内敛而又不失丰盈的优美造型。如今，在马自达，为成为各自领域的"艺术家"，所有人都在不懈努力着。因为大家坚信，只有着眼高远，并全力践行永不妥协的造车之道，才能创造出更多鲜活灵动的造型设计作品。

第 2 章

"魂动"理念的超强阵容

将"魂动"理念倾心注入自己的每一件作品中。
设计图纸、三维数字模型、油泥模型，
历经多道复杂工艺，
开创出马自达独一无二的美学理念。

CX-8

与CX-5相比,CX-8的前脸造型整体呈现出水平基调。另外,其车身侧面不再使用犀利的棱角与硬朗的线条,因此显得更加成熟稳重

CX-8：日式顶级七座 SUV

2017年12月上市的CX-8，是马自达迄今为止在日本国内市场推出的最顶级SUV车型。马自达希望借助CX-8那极具辨识度的造型设计风格，向外界传达自己将"魂动"理念渗透至车身每一寸"肌肤"的强烈意愿。

如今在日本，拥有超大空间的七座车型已经是绝大多数家庭用户购车时的首选。目前在这一细分市场中，长期占据销量榜前列的是MPV。马自达自2010年正式公布"魂动"理念以来，还没推出过一款七座车型。因此，曾有人质疑"魂动"理念是否能让马自达设计出轻松坐下七个成年人的车型。面对质疑之声，马自达很快做出了最有力的回应——推出全新CX-8。

CX-8是一款拥有三排座椅的大型SUV，除主打的七座布局版外，马自达还推出了一款上下车更便捷的六座布局版。在车身尺寸方面，CX-8与专供北美市场的CX-9共享平台。考虑到日本国内的道路普遍比较狭窄，与CX-9宽大的车身很难兼容，马自达将CX-8的车身宽度缩小至与CX-5相同的1840mm，因此部分零件也实现了与CX-5的共享。此外，CX-8的轴距相较CX-5增加了230mm，车身全长增加了355mm，从而确保第三排乘客拥有充足的腿部空间。对一款七座SUV而言，大尺寸车身与灵动外观似乎天生就是无缘的。不过，马自达对此早有准备。设计师将SUV的力量感与"魂动"理念中的"减法"美学结合，营造出一种紧致而稳重的外观风格。马自达将这种全新设计风格称为"TIMELESS EDGY"，即"永恒的激励"。

与 CX-5 相比，CX-8 的轴距增加了 230mm，车身全长增加了 355mm。为使车身观感不至于臃肿笨拙，马自达将 SUV 的力量感与"魂动"理念中的"减法"美学结合，营造出一种紧致而稳重的外观风格

简洁深邃的日式美感

对初见 CX-8 的人而言，如果仅从外观判断，绝想象不出这辆 SUV 能装下三排座椅。同样是三排、七座布局的 MPV，为使车内空间最大化，设计师往往会将车厢设计得方方正正，仿佛一个"行走在路上的箱子"。显然，CX-8 首席设计师谏山慎一先生无法容忍这种无聊透顶的设计。在他心中，CX-8 应该是一辆令消费者在购买时感到欣喜、驾驶时感到快乐，并能在设计风格上体现出马自达式紧凑感以及成人般沉稳气质的 SUV。因此，谏山先生设计 CX-8 时，并没有将精力耗费在一味强调更宽、更大、更豪华的传统造型价值观上。

对马自达设计哲学产生极大影响的日式传统美学理念，在 CX-8 身上同样留下了深深的烙印。在马自达此前推出的一系列 SUV 中，CX-5 强调的是速度感，CX-9 展现出的是力量感，而 CX-8 身上散发出的则是一种简洁而深邃的、悸动人心的日式美感。针对 CX-8，设计师刻意减少了车身侧面线条，转而利用光影变化为车身营造出充满生命气息的跃动之美。此外，D 柱窗框下端收尾部分向上扬起的设计形式，使 CX-8 的上下窗框最终交汇于"半空"，营造出一种凛然的视觉效果。

值得一提的是，由于不希望 CX-8 最后也变成 MPV 那样方方正正的"盒子车"，谏山先生在设计时略微缩小了车顶的宽度，使车身正面看上去呈正梯形。这种设计虽然牺牲了一小部分头部空间，但也避免了车身造型在视觉效果上过分臃肿的问题，可以说是一次十分大胆的尝试。

在设计师的精心雕琢下,仅从外观很难想象CX-8是一辆长达4900mm且拥有三排座椅的SUV。无论独自一人驾驶,还是全家共同出行,都能享受到CX-8所带来的便捷与乐趣

内饰设计新提案

在 CX-8 的内饰方面,谏山先生致力于打造一个"只属于成年人的奢华空间"。首先,在配色上,除顶配车型外一律采用全黑内饰,顶配车型则有酒红和纯白两种方案可选。其中,采用酒红色方案的 CX-8 内饰显得尤为沉稳大气,方寸间彰显出一种顶级 SUV 才拥有的高贵气质。

其次,在内饰用料方面,谏山先生同样没有丝毫怠慢。其中,最引人注目的当属中控台两侧,以及车门面板上采用的实木层压花纹饰板。设计师起初曾尝试采用一般的木材制作饰板,但因实际效果略显呆板而作罢。经过千百次尝试后,他们最终选择了制作工艺极为复杂的实木层压花纹饰板。这种饰板是将原木先加工成厚度仅几毫米的薄木板,再层层叠加压制切割而成,其优点是在保留木材温润本性的同时,又多了几分现代感。

最后不得不说的,是制作 CX-8 座椅所采用的纳帕(Nappa)打孔真皮。谏山先生为 CX-8 挑选的并非普通纳帕真皮。为令座椅触感如高级皮包一般柔软顺滑,设计团队采用了独特的镜面鞣制法对原皮进行鞣制加工处理。此外,为提高座椅的透气性,他们还对真皮表面进行了打孔处理。打孔所用的针是经过优化改进的,直径从一般的 1mm 缩小为 0.7mm,这能使座椅触感更顺滑。

CX-8 的诞生填补了"魂动"理念在七座家用车这一细分市场的产品空白。这款 SUV 无论独自一人驾驶,还是全家共同出行,都能给人带来便捷与乐趣。它最终能取得怎样的市场成绩,让我们拭目以待吧。

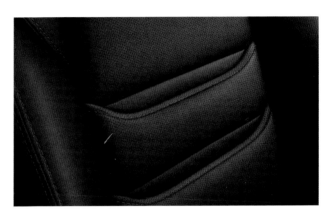

CX-8的驾驶室（上图）。采用镜面鞣制法加工处理过的纳帕打孔真皮（中图）。保留了木材原本温润特性的实木层压花纹饰板（下图）

CX-5

CX-5：引领设计理念变革的急先锋

　　CX-5 是马自达迎来全新设计理念后推出的第一款量产车，因此，它的市场表现在很大程度上决定了马自达的命运与未来。幸运的是，这次赌博式的尝试，最终没有让马自达失望。2012 年第一代 CX-5 上市之初，马自达怀着忐忑的心情定下了 16 万辆的年销量目标，而到了 2015 年，CX-5 的销量已经攀升至 37 万辆，这一车型的销量几乎达到马自达全年总销量的四分之一，可以说已经成为马自达旗下最畅销的一款车型。

　　CX-5 是马自达首款基于"魂动"理念，并采用最新的"创驰蓝天技术"开发设计的量产车。此后，第三代阿特兹、第三代昂克赛拉（Axela，在我国原称马自达 3，现称昂克赛拉，此后如无特别说明，均称昂克赛拉）、第四代马自达 2 等一系列车型均继承了 CX-5 的超高人气。一时间，马自达汽车的口碑和销量均达到前所未有的高度。凭借这股势头，马自达又在 2017 年 2 月推出了第二代 CX-5。发布会上，时任董事长兼总经理小饲雅道先生表示，随着新一代 CX-5 的问世，马自达设计也将登上一个全新的舞台。这意味着新一代 CX-5 将成为解读马自达设计方向的重要参照。

　　负责第二代 CX-5 开发设计工作的仍然是谏山慎一先生。他认为，新一代 CX-5 的设计风格应与上一代保持一致，只在上一代所强调的速度与力量感的基础上，对车身造型进行更深入的打磨与提炼，融入更为沉稳优雅的性格。

　　相比 CX-5 刚上市时孤军奋战的局面，如今，马自达仅在 SUV 这一细分市场就拥有 CX-3、CX-4、CX-5、CX-8、CX-9 等多位以"魂动"之名出战的"得力干将"。更重要的是，这些车型都分工明确。例如，CX-3 展现了"魂动"理念轻盈与灵动的一面，主要客户群体定位于刚刚步入社会的年轻一代；CX-5 展现出的是成熟与追求，主要客户群体定位于有一定经济基础的中年人；CX-8 强调的是责任与品质，主要面向家庭用户。

设计师对第一代CX-5所强调的速度与力量感进行深入打磨和提炼，将沉稳的性格和优雅的品质注入CX-5的设计中。马自达为新一代CX-5全系标配了远近光一体式LED前照灯，柳叶形灯罩使新一代CX-5拥有了更为犀利的"眼神"

新一代CX-5的设计亮点在于对车身比例的优化，以及对曲面的巧妙运用。光线在新一代CX-5车身上形成的明暗变化，散发出优雅细腻的气息

刚劲·洗练

第一代 CX-5 的设计思路,主要是通过调整线条走位,来控制车身整体的"表情"变化。而新一代 CX-5 的设计亮点,则在于对车身比例的优化,以及对曲面的巧妙运用。尽管这种设计形式看上去不够惊艳华丽,可一旦车辆行驶起来,四周景物的光影便会在车身上形成变幻莫测的流动之感,使整车散发出优雅细腻的气息。

新一代 CX-5 的设计关键词为"刚劲·洗练",这恰能与马自达当下的品牌战略高度吻合。在外观方面,马自达不再执着于流行与新颖,转而开始寻求车身各部分的平衡,回归汽车设计最原始的造型属性。此外,新一代 CX-5 是马自达首款涂装"水晶魂动红"面漆的量产车。这种马自达研发的全新面漆能使光影在车身上产生更为微妙的变化,最大限度地激发车身造型的动人魅力。

实际上,新一代 CX-5 的开发历程并没有预想中那般顺利。尽管马自达早早确定了设计方向,但设计团队在实际开发阶段却迟迟没能理清设计思路。在设计定稿过程中,团队成员经常发出"总觉得还少点什么""这处设计难道没有别的方案了吗"之类的困惑与不满之声。谏山先生带领大家先后尝试用 3D 建模演示、制作油泥模型等方法,对既有方案进行反复论证,可最后还是没能拿出一个令所有人满意的结果。眼看项目陷入困境,设计团队不得不求助于公司其他部门的同事。收到求助信息的同事们,没有一人摆出事不关己的冷漠姿态。大家集思广益,积极向设计团队建言献策。凭借马自达人的集体力量,这一难题最终得以圆满解决。

开发初始阶段的设计稿（上图）。设计团队在听取其他部门同事的意见后重新绘制的设计稿（中图）。根据最终设计稿制作的全尺寸概念模型（下图）

上图为 2017 年推出的新一代 CX-5，下图为 2012 年上市的第一代 CX-5。通过对比，可以明显看出新一代 CX-5 的车身线条相对弱化，更多利用曲面造就的光影变化来展现车身造型的动人魅力

设计定稿后，下一步就面临制作油泥模型的问题了。马自达的油泥模型师个个称得上是业内精英，他们首先会凭借长年积累的经验对设计方案进行多角度解读，然后制作多款1∶4比例的模型供设计师选择。经过无数次推倒与重来，设计团队终于从"表情"各异的作品中找到令所有人满意的一款，成功将新一代CX-5由图纸上的平面线条，打造成看得见、摸得着的全尺寸模型。

提高车辆舒适性的"无形"设计

由于第一代CX-5诞生时"魂动"理念尚处于待完善阶段，其车身部分设计并没有达到最佳水平。其中，最受消费者诟病的就是噪声问题。因此，在新一代CX-5的开发过程中，谏山设计团队特别关注了车身静谧性问题。例如，为抑制车辆高速行驶时前风窗刮水器引起的风噪，设计团队巧妙地将刮水器"隐藏"到发动机舱盖后方。此外，设计团队还专门分析了噪声侵入车内的所有可能路径，对隔声材料的位置以及形状进行了全面优化。通过一系列改进措施，新一代CX-5的隔声性能大幅提高，整体噪声水平与第一代相比显著降低。

消费者们可能永远也不会注意这些"无形"的设计，但他们在乘车时一定能感受到这些设计带来的舒适性改善。由此我们发现，进化后的"魂动"理念，提升的不仅仅是车辆的造型水平，还有以人为本的服务精神。

MX-5

MX-5：探寻 Roadster 的理想形态

2015 年 5 月，无数马自达迷们翘首期盼的第四代 MX-5 终于降临尘世。这是马自达首次将"魂动"理念引入到 MX-5 系列敞篷跑车中。2016 年是 MX-5 的丰收之年，先是累计产量突破 100 万辆大关，后又在"世界年度车"评选活动中力压群雄，包揽了"世界年度风云车"和"世界年度设计车"两个奖项。这对马自达而言无疑是至高无上的荣耀。

自 1989 年第一代 MX-5 上市以来，在经历了二十五载春秋变换后，第四代 MX-5 终于耀世登场。尽管这一代车型的车身尺寸相比历代车型都要小一些，但依旧传承了长车头、短车尾、软顶敞篷等经典外观设计元素。第四代 MX-5 是马自达首次尝试将"魂动"理念引入跑车系列所创造的作品，设计师为再现 Roadster（双座跑车）车型的不朽魅力，仅在设计论证阶段就耗费了大量时间与精力。据 MX-5 首席设计师中山雅先生介绍："部分初代 MX-5 用户希望新一代车型能回归初代车型的设计理念，另外，也有人提出可以将'靱'缩小后的造型用在新一代 MX-5 上。不过我们认为，如果将设计主题换作'可爱'或'友好'，那么初代 MX-5 的造型理念也许就会有很高的参考价值。而将'靱'缩小的建议，并不符合当初的设计要求。我们就是在这种纠结的状态下，开启了一段艰辛而漫长的设计之旅。"

第四代MX-5的车身尺寸比历代车型都要小一些,但依旧传承了Roadster车型长车头、短车尾、软顶敞篷的经典设计元素

轻盈的车身搭配"魂动"理念带来的丰富"表情",使新一代MX-5撼动人心的平台设计得以外化

平台表现是决定成败的关键

新一代 MX-5 最大的设计难点在于如何使车型自带的"Roadster 属性",与"魂动"理念所强调的生命之灵完美结合。马自达的处理方法是首先将设计理念分为两部分,一部分是 Roadster 的"简洁明快",另一部分是"魂动"理念的"表情丰富"。然后以此为出发点,向旗下设计工作室征集能完美兼顾这两部分的设计方案。

征集令甫一下达,便得到设计师们的积极响应。毕竟,能亲手设计 MX-5 这款传奇车型,是所有马自达设计师心中的梦想。不过,尽管大家都热情高涨,但提出的方案却差强人意——大多只是将这两部分生硬地混合在一起,难以体现出它们的内在联系。

最终攻克这一难题的是设计师中山雅先生。他认为,与其勉强使两部分混合在一起,不如将它们分开后单独运用。换言之,就是首先将车身造型分为"简洁明快"和"表情丰富"两部分,然后将它们的优点进一步融合,创造出 Roadster 车型注入"魂动"理念后的全新形态。

中山设计团队选择以车身结构作为设计切入点。他们试图通过将"魂动"理念注入车型平台的方式,使 MX-5 原本"简洁明快"的车身由内而外变得"丰满"起来。这里的"丰满",指的是车身比例在设计调整中逐渐接近跑车标准。新一代 MX-5 的驾驶座靠近车身中心点,这也是车内头部空间最高的一点。这样一来,既保持了长首、短尾的理想车身比例,又便于驾乘者上下车。为此,中山设计团队在工程师的协助下,重新调整了轴距,并将 A 柱后移了 70mm,使新一代 MX-5 成为历代车型中驾驶座距前轮最远的一代。

车门饰板上端与车身同色的设计,模糊了车身内外空间的界限,使车身整体视觉效果变得更加协调统一

得益于马自达全新设计的 LED 前照灯组，新一代 MX-5 具有比上一代车型更低的车鼻。同时，由于前照灯变得更加小巧，工程师成功将前悬缩短了 45mm，并将发动机后移了 15mm。最终，在车身尺寸变小的情况下，新一代 MX-5 既保留了历代车型的造型比例，又拥有了良好的操控性能。

中山先生向我们透露了一些他在工作中总结出的设计窍门："当你向工程师表述自己的设计需求时，最好直接告诉对方具体的数值，而不是一个模糊的概念。比如，你对工程师说'请将 A 柱后移'，对方怎么可能一下就明白你想后移多少呢？而如果你说'请将 A 柱后移 70mm'，对方就能马上按你的要求修改了。"

在内饰设计方面，针对敞篷车大部分时间处于敞篷状态这一特性，中山设计团队做出了相应的优化。其中，车门饰板上端与车身同色的设计，是内饰部分最大的亮点：当驾驶人打开顶篷时，外部车身便仿佛不经意间由车窗"跃"入车内。这一设计模糊了车身内外空间的界限，使其整体视觉效果变得更加协调统一。

坐在新一代 MX-5 的驾驶座上，驾驶人的目光会立刻被一条从车门上沿一直延伸至前翼子板的优美线条所吸引。这种造型设计方式不仅能帮助驾驶人准确把握前轮方位，还能给予其极大的感官刺激，从而畅快淋漓地体验"人马一体"的驾驶乐趣。

从车身造型到内饰风格，新一代 MX-5 的每一处细节都在追求那个只属于 Roadster 车型的理想形态。在历经近四分之一个世纪的"修炼"后，马自达那颗永远向往自由的心，终于迎来了再次绽放之时。

从车门延伸至前翼子板的优美线条，不仅能帮助驾驶人准确把握前轮方位，还能给予其极大的感官刺激

MX-5 RF

MX-5 RF：独具一格的硬顶敞篷跑车

在 2016 年 3 月的纽约国际车展上，马自达正式对外公布了基于第四代 MX-5 打造的全新衍生车型——MX-5 RF。同年 12 月，MX-5 RF"逆登陆"日本市场，取名 Roadster RF。RF 是英文"Retractable Fastback"的缩写，直译为"伸缩硬顶敞篷结构，溜背式设计"。MX-5 RF 处于静止或行驶速度低于 10km/h 时，其顶篷可在 12s 内完全收折进行李舱内。

负责第四代 MX-5 及 MX-5 RF 开发设计工作的是现任马自达商品部项目负责人兼设计部首席设计师中山雅先生。自 2011 年起，中山先生便着手设计开发新一代 MX-5，他以第一代车型灵动轻盈的车身造型为设计基础，结合马自达当下的"魂动"理念，在经历无数个日夜的辛勤创作后，终于打造出一款凝聚了马自达"人马一体"精神的绝世敞篷跑车。第四代 MX-5 是"魂动"理念进化前，马自达推出的最后一款车型，可以说是早期"魂动"理念的集大成者。

占据半壁江山的硬顶敞篷版

历代 MX-5 都推出过硬顶敞篷版。从销量上看，硬顶敞篷版占据了 MX-5 总销量的一半以上。因此，大家对新一代 MX-5RF 的市场前景同样抱有相当高的期望。硬顶敞篷跑车的设计

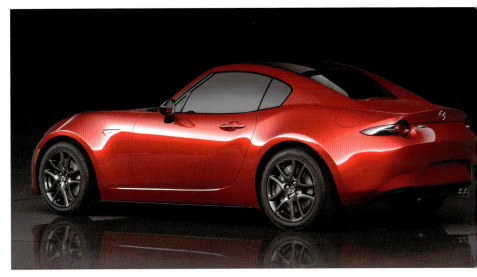

首先，由数字模型师将设计草图转换为 3D 模型，以验证车辆顶篷的开闭情况是否满足设计要求。确认设计方案后，设计师会制作顶篷开闭状态的模拟演示图像，并结合车辆实体模型，向上级主管部门汇报说明

关键在于顶篷的收折机构。受车身尺寸影响，用于收纳顶篷的空间不会很大，因此如何将顶篷设计得尽可能紧凑就显得尤为重要。按照既定的开发进度，设计团队必须在2013年内完成顶篷收折机构的设计准备工作，并进入具体实施阶段。

有关顶篷的收折方式，中山先生曾多次求教于前田育男先生。前田先生在仔细阅读过设计报告后，给出了将一部分顶篷（车顶）结构留在车身外的建议。最终，两人经过反复商议达成了共识：将顶篷（车顶）分割为前、中、后三段，后段顶篷（车顶）与B柱为一体式结构。开启顶篷（车顶）时，前、中两段顶篷（车顶）会按顺序收入后段顶篷（车顶）下方的收纳舱内。因此，从整体效果来看，后段顶篷（车顶）及B柱依然留在车身外。同时，为增强车辆的通透感，后风窗玻璃也会随顶篷（车顶）收起，靠回风板阻挡回卷气流侵入车厢。

解决顶篷收折结构的功能问题后，中山先生还不忘对其进行艺术上的完善。例如，为让车辆后部线条看起来更加协调，中山先生特意将与后段顶篷（车顶）相连的两侧B柱向内收敛了30mm，使其与行李舱线条融为一体。由此可见，"魂动"理念正如马自达所强调的那样，真正融入了车身的每一个细节。

右上图为中山雅先生与前田育男先生讨论如何设计车辆的顶篷（车顶）收折结构时，由设计师南泽正典先生现场绘制的设计结构草图

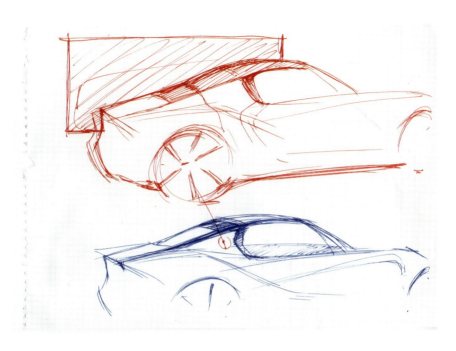

CX-3

CX-3：将"魂动"理念引入跨界领域

2015年上市的CX-3，是马自达推出的首款跨界SUV。与大多数跨界车型一样，设计师在CX-3的保险杠、轮拱、侧裙等部位设计安装了黑色塑料护板，以增强其实用性。而贴在D柱上的黑色饰板，使三角窗与后风窗在视觉上实现了一体化，营造出当下最流行的悬浮式车顶效果。CX-3的诞生，极大丰富了"魂动"理念所强调的赋予车辆生命之灵的造型手法，特别是轮拱及侧裙部位黑色塑料护板的使用，将车身的整体视觉效果衬托得更为扁平修长。正因如此，CX-3看上去要比其实际尺寸显得更大一些。

"魂动"理念自2010年借概念车"靭"亮相以来，便一直深刻影响着马自达的产品线。SUV领域有CX-5，轿车领域有第三代阿特兹、第三代昂克赛拉及第四代马自达2。如今，CX-3不仅填补了马自达在跨界车领域的空白，还与同年问世的敞篷跑车MX-5一起，极大丰富了"魂动"理念的表现形式。

CX-3与新一代马自达2诞生自同一平台。相较于马自达2的律动造型，CX-3展现出更为强烈的运动气息。马自达的这种做法（指共享平台），一方面是为充分利用马自达2的底盘，设计制造出更多富于乐趣的作品，另一方面则是希望打造一款能获得欧洲市场认可的全新车型。对此，负责CX-3开发设计工作的设计师松田阳一先生表示："正是我们意欲挑战'魂动'理念表现极限的迫切心情，催生了CX-3，因此，我们将它定位于一款能在有限预算内满足部分客户特定需求的全新车型。"

轮拱及侧裙边部位黑色塑料护板的使用将车辆的整体效果衬托得更为扁平修长，因此CX-3看上去要比其实际尺寸显得更大一些

全新设计流程的践行者

　　隶属于马自达设计部门的设计建模工作室，是 CX-3 设计开发项目的中坚力量，而在工作室中起决定性作用的，又非数字模型师莫属。通常情况下，数字模型师主要负责两项工作：一项是对绘制好的设计图进行 3D 建模，验证设计方案是否满足要求；另一项是将定稿后的纸质图稿数字化，供量产阶段使用。但 CX-3 项目颠覆了这一工作流程，马自达将 3D 建模工作移到了设计流程前期的概念开发阶段，也就是说，数字模型师会根据设计师提供的初期设计方案，同步开展 3D 建模工作。

　　全新工作流程对 CX-3 的设计效果产生了意想不到的积极影响。马自达内部对根据 3D 数字模型制作的初代样车评价极高。此后，尽管设计师们又尝试了很多不同的方案，但始终没能设计出超越初代样车的新作品。

凭借3D建模技术，设计师可以随时根据设计需求调整车辆部件的材质、尺寸及颜色，并通过对各项数据的实时分析，及时发现设计中的不足

数字模型师正利用3D数字模型验证车身的反光效果

事后，松田先生在总结设计经验时表示："3D数字建模的成功之处在于，它能迅速为我们带来最纯粹的作品表现。"正是有了3D建模技术，设计师才得以随时根据设计需求调整车身部件的材质、尺寸及颜色，并通过对各项数据的实时分析，及时发现设计中的不足。

尽管3D建模已经成为现代汽车设计中不可或缺的一道工序，但至少对马自达而言，出自工匠之手的油泥模型仍然是不可替代的。因为马自达的油泥模型师在制作模型时会将自己的情感融入其中，他们会以0.1mm的精度调整油泥模型与设计方案间的细微差异——仅仅为打磨专属于CX-3的理想形态就耗费了一年之久。

油泥模型永远是马自达确定产品最终设计形态的关键道具。同时，我们不得不承认，近些年3D数字模型在设计过程中起到的作用也越来越重要。如今，在马自达，数字模型师与油泥模型师达成了前所未有的紧密合作。CX-3为我们展现了"魂动"理念未来可能具有的一种全新产品开发设计模式——VISION COUPE的设计开发工作便是在这一全新流程下实现的。

CX-3 与新一代马自达 2 共享平台。它为我们展现了"魂动"理念未来可能具有的一种全新产品开发设计模式

马自达2

马自达 2：越级的"小家伙"

凭借 2014 年上市的第四代马自达 2，马自达向世人证明了即便是小型车，也同样能"魂动"起来。新一代马自达 2 打破了以往汽车规格中"级别"的概念，用实力证明了小型车绝不都是造型简单且毫无驾驶激情的，它在灵动可人之余，也能给予驾驶者"人马一体"式的激情。

如今提到"日本车"，人们首先总会联想到"价格便宜""油耗低""空间大"这样的"实用性"关键词。不过，新一代马自达 2 的首席设计师柳泽亮先生显然持有不同的观点。他认为，尽管从使用功能角度出发，人们对小型车的实用性需求在设计时应该得到重视，但一辆车仅凭这一个优点是不足以打动消费者的。与车身宽度超过 1800mm 的阿特兹、CX-5，以及车身宽度达到 1795mm 的昂克赛拉相比，马自达 2 的车身设计宽度被限制在 1700mm 以内。因此，如何才能使马自达 2 既拥有卓越的经济性和实用性，又能在有限的条件下给予驾驶者最大程度的驾驶乐趣，便成为柳泽设计团队首先要攻克的难题。

如何体现"魂动"理念赋予汽车的生命之灵？

设计新一代马自达 2 之初，其他品牌小型车普遍采用了流线形车身造型。而在"魂动"理念的指引下，柳泽团队选择将驾驶室及 A 柱整体后移，使负载集中到车身后部，通过模仿动物的表情和姿态，来展现车辆的旺盛"生命力"。

从上面这幅设计图中我们可以看出,与当时小型车普遍采用流线形造型不同,柳泽团队选择将驾驶室及A柱整体后移,使负载集中到车身后部,通过模仿动物的表情和姿态,来展现车辆的旺盛"生命力"

实际上，在"魂动"理念诞生之初，马自达旗下车型就是以猎豹灵动敏捷的身姿作为主要设计灵感的。例如，阿特兹展现了猎豹轻巧灵动的一面，昂克赛拉展现了猎豹急加速时爆发出的力量感，而马自达 2 展现的是猎豹将全身力量集中于后腿，蓄势待发的瞬间之美。

　　马自达 2 的前照灯部分也采用了类似的表现手法。配有环形日间行车灯的前照灯组，造型灵感源于猎豹的眼瞳，灯组中央的 LED 灯泡仿佛就是猎豹的瞳孔，而环绕它的日间行车灯带就像虹膜。因此，安置在较低位置的进气格栅与前照灯组合在一起后，看上去就像猎豹死死盯住前方猎物时展露出的锐利面孔。

　　新一代马自达 2 的内饰部分彻底颠覆了一般小型车的设计手法。为让驾驶者能以更为舒适、省力的姿势控制加速和制动踏板，柳泽设计团队巧妙地以驾驶座中心线为基准布置踏板。得益于前悬的前移，设计师拥有更大的空间余度配置地板式加速踏板，使驾驶者能以脚跟为轴，实现对踏板的精准控制。此外，车辆的仪表板及空调出风口同样是以驾驶者为中心左右对称布置的，这在视觉上为驾驶者创造了一个可以集中精力驾驶车辆的理想环境。

　　在内饰用料上，柳泽先生没有碍于马自达 2 是小型车就一味地选择降低成本，其部分内饰件甚至直接取自马自达更高级别的车型。例如，仪表板和中控显示屏与新一代昂克赛拉共享。而在新一代马自达 2 上首次采用的钢琴烤漆空调出风口，则被随后登场的 MX-5"偷学"了去。可以说，内饰是最能体现新一代马自达 2 价值的部分。

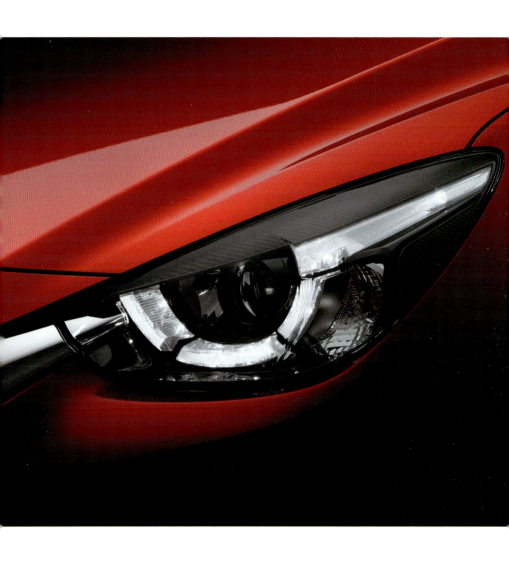

配有环形日间行车灯的前照灯组,造型灵感源于猎豹的眼瞳,安置在较低位置的进气格栅与前照灯组合在一起后,看上去就像猎豹死死盯住前方猎物时展露出的锐利面孔

受成本限制，大部分小型车都会选用硬质树脂材料制作中控台面板，而马自达为尽可能提高驾乘舒适性，特意在马自达2的驾驶者和乘客经常触碰的部位使用了搪塑成型的软性材料。此外，马自达为这款精品小车准备了多种内饰配色方案：非顶配车型统一为黑色，顶配车型有纯白和深红两种颜色可选。更特别的是，马自达还推出了一款内饰颜色为"裁缝棕"的限定版车型，其座椅、仪表板及车门板均以经过绗缝工艺加工的绒面皮覆盖，柔顺触感令人久久难忘。

2016年11月，第四代马自达2迎来了上市以来的第一次小改款。这次改款主要提升了安全性，将前照灯组升级为马自达最新研发的ALH自适应LED前照灯（Adaptive LED Headlights）。这款前照灯的工作原理其实非常简单，夜间行车时，ALH系统会令前照灯一直保持在远光灯模式，一旦安装在前风窗玻璃上的摄像头监测到对向车的前照灯或尾灯点亮，就会立即关闭对应区域的LED灯组，避免灯光晃到该车驾驶人。此外，除最低配车型外，其余车型都增配了全彩抬头显示装置（HUD），使驾驶人不必频繁低头，便可掌握车辆的实时行驶状态，极大提高了驾驶安全性。

尽管改款后造型没有发生太大变化，但马自达2在采用了马自达最新的安全技术后，整体安全性得以大幅提升。通过对车辆价值的不断挖掘与提炼，马自达希望最大限度地实现汽车带给人们的驾驶乐趣，而这也印证了马自达一贯秉承的造车理念。

限定版马自达2的"裁缝棕"内饰采用了绗缝工艺加工的绒面皮。其圆形空调出风口设计后来应用到第四代MX-5上

昂克赛拉

昂克赛拉：将驾驶变为一种本能

继 CX-5 和阿特兹之后，马自达于 2013 年又推出了第三款承载"魂动"理念的量产车——第三代昂克赛拉。新一代昂克赛拉分为四门三厢版和五门掀背版两种，动力系统则包括汽油机、柴油机以及混合动力三种类型。面对这款马自达史上最畅销的车型，负责开发设计工作的设计师田畑孝司先生（生产设计工作室负责人）自然不敢怠慢。他表示，要倾尽全力来展现昂克赛拉所蕴含的不朽的"马自达精神"。

马自达希望借助这次昂克赛拉换代的机会，将最纯正的"魂动"理念造型样式付诸实践。看到这儿，有人可能会感到疑惑：难道 CX-5 和阿特兹的造型样式没能展现出真正的"魂动"理念吗？实际上，这里的"纯正造型样式"，指的是概念车"靱"。因为第三代阿特兹其实是以"靱"的衍生版"雄"（TAKERI）为原型车设计的，而 CX-5 是以另一个衍生版"势"（MINAGI）为原型车设计的。完全遵循"靱"的造型样式设计出的新一代昂克赛拉，才是真正承载"魂动"理念初心的车型。

田畑先生首先根据前期制作的"魂动"雕塑作品，绘制出新一代昂克赛拉的设计草图。较短的前后悬设计令车辆看起来十分灵动，比例略显夸张的车轮烘托了强悍的抓地性能，高挺圆润的车头与车尾由锋利的腰线连接在一起，共同勾勒出与"靱"一脉相承的伸展修长的车身比例。然而，这一方案最后被工程师们否决了，他们经过计算发现，如果按照这种尺寸制造，那么车身就会仅有 1.3m 高，实现难度太大了。更重要的是，下一代马自达 2 也即将上市，因此新一代昂克赛拉的设计不能表现得过于强势，多少要为随后登场的"小兄弟"留出一些表现空间。

上图为新一代昂克赛拉的设计草图。尽管田畑先生成功再现了概念车"靭"伸展修长的车身比例,但这一方案最终被工程师否决,因为他们计算发现如果按这种尺寸制造的话,车身就会仅有1.3m高,实现难度太大。下图为新一代昂克赛拉五门掀背版设计模型

细节中迸发的"人马一体"设计理念

根据工程师们的反馈,田畑设计团队改变了设计思路,将原本修长的车身造型变得更为紧实饱满,使视觉重心下压到车轮上,进而打造出新一代昂克赛拉紧致有力且充满速度感的全新造型。据田畑先生介绍,新的设计灵感源于短跑运动员躬起身子准备起跑时的姿势,因此他们首先设计了五门掀背版,然后才有了四门三厢版。

新一代昂克赛拉是"人马一体"设计理念的坚定传承者。"人马一体"设计理念源自马自达对驾驶人理想驾控姿态的不懈追求,驾驶人只有时刻处于最舒适放松的姿态,才能随心所欲地操控车辆前行。因此,为避免车轮挤占布置加速踏板的空间,田畑设计团队将新一代昂克赛拉的前轮前移了50mm。这样一来,当驾驶人坐到舒适合体的座椅上,手握方向盘,两腿自然前伸时,左脚便自然而然地放到了休息脚踏上,而右脚下方刚好是加速踏板。现在,这种布置形式已经成为马自达车型的标准设计元素。

上图为新一代昂克赛拉的驾驶区。下图为马自达为新一代昂克赛拉配备的单筒式转速表及经过优化的抬头显示系统。新的抬头显示系统能将重要的车辆行驶参数和信息投射到驾驶人视线前方的面板上，使驾驶人能集中精力驾驶车辆

驾驶人将手臂搭在中央扶手上,正常向前伸展便可触及变速杆后方的中控系统操作旋钮,这样一来,驾驶人无需低头便可轻松控制车辆的各项功能

为降低驾驶人视线的移动频率，田畑设计团队为新一代昂克赛拉装备了经过优化的抬头显示系统。新的抬头显示系统能将重要的车辆行驶参数和信息投射到驾驶人视线前方的反射屏上，使驾驶人能集中精力驾驶车辆。另外，为增大车辆前方视野，设计团队还特意将 A 柱后移了 10cm，这能使驾驶人掌握更多路况信息。

最后，马自达在新一代昂克赛拉中首次引入了最新开发的"MAZDA CONNECT"车辆功能控制系统。该系统主要由安装在中控台上方的 7in 高分辨率液晶显示器和变速杆后方的操作旋钮组成。考虑到触屏操作不利于驾驶人专心于驾驶，马自达将该系统的操作方式限定为旋钮操作。驾驶人手臂搭在中央扶手上正常向前伸展时，可自然触及操作旋钮，这样一来，驾驶人无需低头便可轻松控制车辆的各项功能。

新一代昂克赛拉的内饰做工非常考究。象牙白色真皮座椅搭配纯黑风格内饰，不仅将昂克赛拉的运动本性展现得淋漓尽致，还为其增添了几分淡雅气质。座椅的缝制工艺更是体现了马自达的精工细作。在缝合座椅真皮时，总共要使用三种不同颜色的缝线。其中，红色缝线和白色缝线作为主色使用，灰色缝线作为辅色起到平衡车内色彩氛围的作用。当你无意中发现车内的这一个个精彩细节时，是否会顿时产生一种强烈的爱意？

象牙白色真皮座椅搭配纯黑风格内饰,不仅将昂克赛拉的运动本性展现得淋漓尽致,还为其增添了几分淡雅气质

阿特兹

阿特兹：引领马自达设计进入成熟阶段的旗舰车型

　　2012年第一代CX-5问世后不久，马自达紧接着推出了第二款"魂动"理念量产车，即旗舰车型——第三代阿特兹。尽管CX-5已经为"魂动"理念积累了极高的人气，有些车评人甚至将"魂动"理念与马自达设计画上了等号，但直到新一代阿特兹同样收获了消费者的认可后，马自达的设计团队才终于松了一口气，开始大胆尝试为"魂动"理念注入更多表现形式。

　　新一代阿特兹之所以能使马自达设计团队信心倍增，不仅是因为它旗舰车型的身份，还有它所展露出的那种丝毫不逊于

在经历两次小改款后，新一代阿特兹的造型变得更加成熟稳重，完美地将"靭"的设计理念融入到自己的"血液"中

"靭"的"魂动"精神。它以坚韧迅捷的底盘，流畅有型的车身，向人们展示了"魂动"理念赋予车辆的至高表现。

跨越量产车的障碍

概念车的设计不需要考虑各种使用条件的限制，因此设计师可以尽情发挥才能，创造自己心中最完美的作品形态。车身尺寸是一个非常具有代表性的制约条件。例如，"靭"的车身宽度为1946mm，比一般量产轿车宽了近100mm，因此设计师在设计中拥有更高的自由度，可以充分唤醒"魂动"理念所追求的生命之灵。

第三代阿特兹的开发设计工作实际上是与"靭"同步展开的，也就是说，马自达一开始并没有打算将"靭"的设计理念应用到新一代阿特兹上。可令人始料未及的是，"靭"甫一亮相便引发业界的强烈反响。于是，马自达立刻转变思路，决定按照"靭"的设计理念来重新设计新一代阿特兹。

设计思路确定后，仍有许多问题亟待解决。首先，此时距预计上市时间已经不远，几乎没有人敢笃定能按既定进度完成设计工作。其次，如何在量产车的设计框架内，将"靭"奔放的"性格"表现出来，这显然是一项更为艰巨的任务。最终，设计师玉谷聪先生接受了这个挑战。在他的领导下，马自达首先于2011年10月公布了新一代阿特兹的概念原型车"雄"（TAKERI），其车身宽度由"靭"的1946mm缩短到更接近量产要求的1870mm。实际上，玉谷先生推出"雄"的目的，不单是为新一代阿特兹的设计提供参考，更主要的，是希望通过"雄"的设计过程，摸索出将"靭"的设计理念引入其他量产车的方法。

"靭"流畅多变的造型，主要由车身上的三条优美曲线勾勒而出。这三条曲线的走势分别为：从前翼子板到前门，从发动机舱盖经过A柱下方直至后门，以及横贯车身侧面。玉谷先生通过"雄"将这三条曲线移植到了新一代阿特兹身上，但选择了不同的表达手法。为此，玉谷设计团队几乎尝试了所有可能的风格理念，这导致整个项目严重拖期，马自达不得不推迟了上市时间。不过，拖期最终换来了圆满的结局，新一代阿特兹无论在口碑还是销量上，均取得了令人满意的成绩，这证明马自达的策略是完全正确的。

上图从左至右依次为"靰""雄"和阿特兹（2012款）。尽管新一代阿特兹的车身尺寸（相对"靰"）变小了，但其整体造型依旧延续了"靰"的风格

将提高质感作为首要设计任务

　　随着新一代阿特兹大获成功,马自达终于可以放心地将"魂动"理念应用到旗下其他车型中。与此同时,马自达的设计师们也已经积累了丰富的设计经验,将"魂动"理念打磨得更加洗练,使后续车型青出于蓝而胜于蓝。

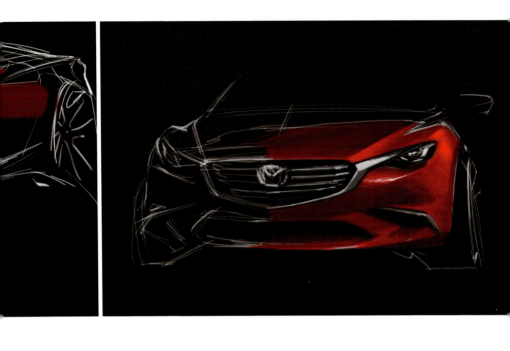

上图为2014年第三代阿特兹进行第一次小改款时设计师绘制的设计草图。玉谷先生对进气格栅及其下方延伸至两侧车灯的镀铬饰条进行了水平拉伸处理,使整体视觉效果变得更加沉稳雅致,同时又散发出一股不怒自威的气势

改款后的阿特兹前脸造型看起来更加稳重优雅,而内饰则变得更为强调水平延展性,提升了车内空间的开敞感(左为2012款阿特兹,右为2016款阿特兹)

此后，第三代阿特兹先后经历了两次小改款。其中，2014年进行的第一次小改款主要对车身外观和主动安全配置进行了优化升级。之前曾有人认为第三代阿特兹的前脸设计过于张扬，与旗舰车型身份不符。玉谷先生做出的回应是，对进气格栅及其下方延伸至两侧车灯的镀铬饰条进行水平拉伸处理，使整体视觉效果变得更加沉稳雅致，同时又散发出一股不怒自威的气势。

最高品质的内饰设计

2014年的第一次改款中，除外观设计上的优化外，设计师还对第三代阿特兹的内饰进行了重新布置，通过强调水平方向的延展性，提升了车内空间的开敞感。实际上，玉谷先生一开始就对第三代阿特兹的内饰设计不甚满意，他认为在质感和色彩搭配方面仍有很大提升空间。特别是在看到新一代昂克赛拉及马自达2的出色内饰设计后，玉谷先生更加坚定了为第三代阿特兹换装更高品质内饰的决心。

在2016年的第二次改款中，设计师又为第三代阿特兹引入了全新的白色风格内饰，座椅、中控台面板、中央扶手等部位全部改为纯白色，立柱和顶篷则改为纯黑色，这使车内整体氛围变得更加沉稳大气。此外，座椅材质换成了更加柔软细腻的纳帕打孔真皮，这一改变极大提高了乘坐舒适性。经历两次小改款后，第三代阿特兹的整体气质变得更加稳重优雅，细节之处也更加精致，这可以说是"魂动"理念漫漫进化路上的又一个里程碑。

第3章 快速提升生产工艺的"共创"活动

马自达将自己的造车理念，
提炼为"CAR as ART"。
而支撑这一理念的，
是打破部门间壁垒的
"共创"之力。

右图：对比度和细部质感得到大幅提升的全新"水晶魂动红"车身面漆

下图：反射层中加入了超薄高亮度铝粉和可加强阴影效果的吸光粉

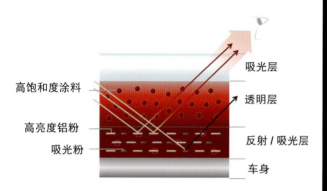

不断前行的色彩开发工作

"色彩也是造型的一部分"——马自达非常重视车身颜色的作用。
马自达的标志性颜色一直是红色，而如今又增加了"铂钢灰"这一新成员。

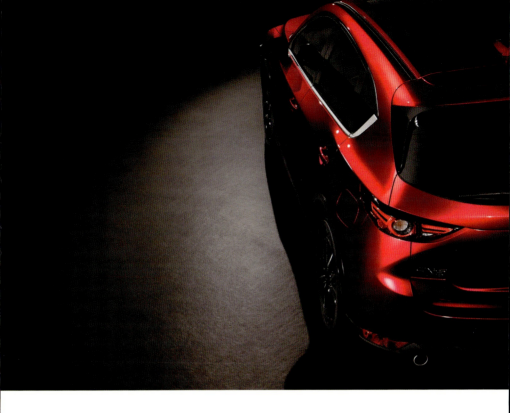

　　红色作为马自达的标志性颜色，从 Familia 时代开始，就是马自达人气车型的不二之选。2012 年，为诠释执着赤诚的全新造车思想，最大限度激发"魂动"理念的"潜能"，马自达将本就充满激情的"马自达红"升级为摄人心魄的"魂动红"。实际上，在研发初期，由于"魂动红"的涂装工艺十分复杂，技术人员曾一度认为无法将其运用到量产车上。正所谓功在不舍，最终，在设计师与工程师的通力协作和不懈努力下，马自达成功开发出名为"匠涂"（TAKUMINURI）的独门涂装工艺，彻底攻克了这一技术难关。

　　2017 年，马自达借新一代 CX-5 上市之机，向世人展示了升级后的"魂动红"——"水晶魂动红"。与第一代"魂动红"相比，"水晶魂动红"在调配过程中提高了 20% 的饱和度及 50% 的色彩深度，因此，车身漆面会显得更加细腻，且拥有如涓涓清泉般的动态通透感，同时明暗效果也变得更为"浓郁"。伴着光照强度和角度的变化，本就深邃耀眼的"水晶魂动红"仿佛会"流淌"起来，使车身展露出摄人心魄的魅惑之姿。

右图：马自达于2016年推出的全新涂装色"铂钢灰"
下图：马自达的独门涂装工艺"匠涂"（TAKUMIN-URI），使量产车也能拥有宛如匠人手工喷涂一般的精致涂装效果

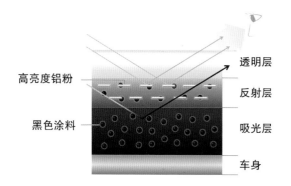

"水晶魂动红"的奥秘在于马自达全新研发的高饱和度红色涂料及底层的反射、吸光层。首先，"水晶魂动红"的涂料颗粒比一般涂料小，因此喷涂后能实现更高的透明度。其次，马自达在涂料之下的反射、吸光层中加入了直径仅 12～15μm 的高亮度铝粉和吸光粉。高亮度铝粉会将透射过高饱和度红色涂料的光线反射到人眼中，而吸光粉能起到加深阴影的效果。通过对涂料成分的精密配比，车身漆面的视觉效果会随光线变化产生微妙的动态变化。因此，无论是高光的艳丽，还是阴影的深邃，都能拿捏得恰到好处。

诞生自"共创"小组之手的全新涂装色

如此摄人心魄的"水晶魂动红"究竟是如何研发成功的

呢？关于这个问题，曾负责第一代"魂动红"研发工作的创意设计专家冈本圭一先生认为，要想获得最佳的色彩，就必须召集相关方面最出色的专家群策群力。于是，冈本先生将设计师、研发工程师、生产工程师以及涂料供应商召集一处，希望大家协商确定新一代"魂动红"的色彩标准。

冈本先生曾试图向工程师们描述自己心中理想的红色。然而，对于一位更善长感性思考而非理性表达的设计师而言，他只能将理想中的红色笼统地解释为一种类似红宝石色的颜色，而无法更详细地向工程师们阐明两者间的微妙差异。于是，在工程师们的帮助下，冈本先生借助特殊的光学测定仪，对自己理想中的红色进行了量化处理，将原本模糊不清的概念变成了一组清晰易懂的数值。

此后，类似这样的跨部门"共创"活动在马自达内部变得

冈本先生联手工程师共同创作了这件雕塑作品,希望藉此将新一代"魂动红"通透浓郁的阴影效果展现给公司的每一位员工(供图:丸毛透)

愈发普遍,久而久之,自然形成了一种良性循环。2016年,马自达在研发全新涂装色"铂钢灰"时,正式成立了一个跨部门的合作组织——"共创"小组。身为小组成员之一的马自达车辆技术部涂装技术组骨干寺本浩司先生,在评价"共创"小组对生产现场的影响时曾说:"以前,我们作为生产方考虑的只是某项设计是否便于生产,因此,面对送来的一些稀奇古怪的设计方案,我们想都不想就会直接拒绝。但经历过这次与公司其他部门同事共同研发'铂钢灰'涂料的工作之后,我意识到,如果能充分领会设计师的创作意图,我们其实完全有能力将对方的想法落实到产品中。"

在公司内部的设计研讨会上,设计师正在为其他部门的同事讲解自己的设计思路

提升设计水平的工艺改革活动

自 2010 年推出"魂动"理念以来,马自达内部便刮起了一股"共创"之风。打破部门之间的壁垒,让设计理念实现共享,携手向着共同的目标迈进。

2015 年 10 月,马自达内部举办了一场有关新一代 CX-5 的设计研讨会,包括生产部门员工在内的几乎所有员工都参加了这次会议。会议中,设计师和油泥模型师详细介绍了新车型的各项设计理念以及自己对设计工作的看法。尽管这只是一次公司内部会议，但在距新车上市还有一年半的时候，就向所有员工公开车型设计理念，这在马自达还是头一遭——此前，这些信息在新车上市前属于仅限公司高层部门知晓的绝对机密。

类似的会议在马自达内部又称"设计串联研讨会"。这类研讨会打破了长久以来竖立在各部门之间的"情报壁垒"，使设计师得以将最真实的创作意图毫无保留地呈现给忙碌在生产一线的员工们，更使各部门得以齐心协力，共同谱写"魂动"理念的崭新篇章。

合力展现最完美的"魂动"理念

担任第四代 MX-5 首席设计师的中山雅先生，在回忆参加旨在探讨第四代 MX-5 设计方案的"设计串联研讨会"时，表示自己曾一度紧张到难以入眠的程度，因为会议上的内容哪怕只泄露出一点点，都有可能导致整个研发计划破产。最终，多亏了生产部门的鼎力相助，整个方案才得以顺利完成。要知道，如果不是生产部门的员工们将设计意图领悟得如此透彻，"魂动"理念是绝不可能这般完美地落实到产品之中的。

冲压模具制作组携手设计部门共同开展的"御神体活动"（御神体指承载"魂动"理念的雕塑作品，译者注），是马自达众多"共创"活动中比较有代表性的一个。"魂动"理念正式公布后，马自达各主要生产部门便纷纷摩拳擦掌，希望在众人面前一展实力。不甘落后的冲压模具制作组员工们决定打造一款能完美再现御神体的模具，以此向大家证明自己的高超技艺。

然而，一颗不服输的心并没能带来完美的结果。曾参与这次"御神体活动"的马自达模具制作技术小组骨干安乐健次先生，在事后接受采访时说道："我们用自己的模具制作出御神体'猎豹'，兴致勃勃地邀请前田先生和中山先生点评，而他们只是远远地看了一眼，甩下一句'不对'，便转身回去了。这件事极大地打击了我们的自尊心。"

上图为"设计串联研讨会"的部分场景。研讨会打破了长久以来竖立在各部门之间的"情报壁垒",使设计师得以将最真实的创作意图毫无保留地呈现给忙碌在生产一线的员工们,更使各部门得以齐心协力,共同谱写"魂动"理念的崭新篇章

后来，设计部的同事悄悄告诉了安乐先生他们失败的原因：他们的模具将原本表现作品跃动感及生命力的部分全部磨掉了。得知这个消息后，模具制作组的成员们立刻前往油泥模型工作室取经求教，仔细观察油泥模型师工作时的样子，并反复思考与自己工作方式的不同之处。

通过观察，大家发现油泥模型师采用的打磨方法能加强车身线条的反光效果。在搞清其中的奥秘后，冲压模具制作组成功总结出一套全新的模具打磨技术，并为这项技术取了一个响亮的名字——"魂动"打磨。如今，大部分车身覆盖件都是利用模具冲压成型的，因此模具精度会直接影响车身制造精度。如果模具本身就不能按设计目标反射景物影像，那么"魂动"理念所倡导的生命美感自然也无法展现在实车上。因此，所谓的"魂动"打磨，实际上是对经过机械切削成型后的模具进行精细化手工打磨，以加强车身线条的反光效果。

此外，打磨模具所用的磨石也是制作组特意向生产厂家定制的专用品。一般的市售磨石磨削精度为 $7 \sim 8 \mu m$，而这种定制磨石的磨削精度可达 $5 \mu m$。也只有将磨削精度提升至这一数量级，才能完美再现设计师理想中的车身表面光影的微妙变化。

与生产现场共进化

经过多年发展，"魂动"理念在表现手法上出现了巨大转变。从最初利用车身线条来表现整体的律动感，到通过"流淌"在车身曲面上的光影来强调生命之灵。其中，最重要的一个因素就在于周围景物反射在车身上的影像。正是那些看似平淡无奇的影像，唤醒了一辆汽车绵绵不绝的生命活力。

因此，与车身反光特性直接关联的冲压模具，可以说是决定"魂动"理念最终表现效果的关键，而确保模具能按设计要求反射光线，就理所当然地成为整个制作工艺中必不可少的一个环节。不过，当时的生产现场并没有配备相应的检测器材，只能通过后期委托数字模型师对模具进行3D建模的方式，来检验模具的反光特性。于是，大家集思广益，设计制作了一台隧道投光器。在投光器的照射下，模具表面的细微光影变化都能清晰显现在眼前，再结合3D数据进行比较，便能立即确定模具精度是否满足设计要求。

这件"御神体"是油泥模型师以猎豹为灵感设计制作的。油泥模型师基于猎豹向前跳跃时的优美身姿,赋予作品呼之欲出的爆发力

  冲压模具制作组的成员们之所以如此执着地追求模具的反光精度,一方面缘于设计师希望通过调整车身的受光角度来降低其视觉高度,另一方面则缘于被数字模型师的默默付出所深深打动。对此,安乐先生曾说:"此前,我们并不了解数字模型师的工作有这么辛苦,我们只要打磨几下就能完成的工作,在他们那里可能要耗费两百个小时,因此,一想到这其中的不易,我们就觉得必须要做点什么,这样才能对得起他们的辛勤劳动。"

  制作组设计制作的隧道投光器后来还被引入到其他生产小组,并获得一致好评。通过类似"御神体"这样的"共创"活动,马自达为各部门创造了一个能够合力解决问题的快捷途径。而生产现场不断涌现出的技术革新方案,也为马自达设计的不断进化提供了源源不断的动力。

上图是正在全神贯注打磨车身模具的工人。如果模具本身就不能按设计目标反射景物影像，那么"魂动"理念所倡导的生命美感自然也无法展现在实车上

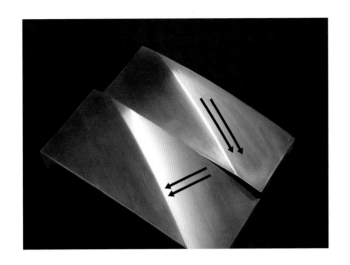

上图中，右上方黑色箭头所示为工艺改进前的模具打磨方向，左下方黑色箭头所示为改进后的"魂动"打磨法，即顺着能加强车身线条反光效果的方向打磨。下图为模具制作组向生产厂家定制的磨削精度为5μm的专用磨石（供图：丸毛透）

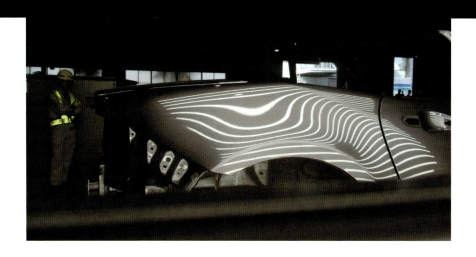

上图为车身模具在隧道投光器照射下的实际反光效果。下图为数字模型师制作的 3D 数字模型

　　左图是由冲压模具制作组于 2016 年制作并投入使用的隧道投光器。在投光器的照射下,模具表面的细微光影变化都能清晰显现在眼前,再结合 3D 数据进行比较,便能立即确定模具精度是否满足设计要求。

马自达磨练设计师悟性的方法

为拓展"魂动"理念的表现形式,马自达的设计师们经常会拜访其他领域的设计师或匠人,学习他们的精湛技艺和新奇理念,并通过这一过程来磨练自己的悟性,探索新的设计思路。

"魂动"理念诞生之初,是以猎豹瞬间爆发出的速度与力量之美为设计灵感的。在逐渐领悟到日式美学理念的本质后,马自达转而开始追求蕴含其中的内敛丰盈之美。

尽管马自达已经取得了令人侧目的成就,但前田育男先生的危机感从未丧失。他认为,要想使马自达具备与海外豪华汽车品

马自达在2015年米兰国际家具展上展示的"魂动"沙发"Sofa by KODO concept"(左)与"魂动"自行车"Bike by KODO concept"(右)

牌竞争的实力,就必须坚持从传统文化思想中汲取智慧,重视传统审美理念对设计的指导作用。因此,为磨练设计师的悟性,提升设计的整体完成度,在前田先生的带领下,马自达开展了一系列以日本传统工艺为主题的"共创"交流活动。前田先生甚至抛出了"让设计部的全体成员都成为艺术家"这样的豪言壮语。

在2013年的米兰国际家具展上,前田设计团队向人们展示了一件基于"魂动"理念设计的工艺品——"魂动"座椅。这把座椅的设计灵感源于猎豹奔跑时向前跃起的矫健身姿,其舒展优美的线条表现形式,与当时"魂动"理念所强调的动感韵律相得益彰。而在2015年的米兰国际家具展上,前田团队又带来了全新的"魂动"自行车和"魂动"沙发。其中,"魂动"自行车在设计风格和色彩搭配上与马自达同年推出的第四代 MX-5 一脉相承。

此外，马自达还与一些经营传统日式工艺品的百年老店保持着密切的合作关系，经常邀请对方匠人来为自己的设计师展示精湛不凡的传统技艺。其中，最具代表性的当数马自达与铜器店玉川堂和漆器名匠七代金城一国斋开展的交流活动。

传统日式工艺与现代汽车设计

位于日本新潟县燕市的玉川堂，是一家有着两百年历史的铜器老店。自创建之初，该店便坚持使用手工锤打的方式，将一整块铜板制成各种器皿。在玉川堂的盛情邀请下，马自达的钣金工人幸运地获得了一览百年老店传统技艺的机会。在玉川堂匠人们的指导下，他们亲身体验了传统铜器敲打技术的精髓，心中交织着初次接触陌生材质时的紧张感，以及经过精工细作获得完美器物后的欣慰感。

这些宝贵的经历与感悟，可能并不会立即反映到设计师的作品中，但终将迎来自由绽放的一刻。例如之前提到的"魂动"座椅，它所采用的压线缝制技术，后来就应用到第四代 MX-5 的座椅上。因此，对马自达的设计师而言，不仅要具备从传统文化思想中汲取知识力量的能力，还要学会如何将这些经验智慧合理运用到自己的作品中，只有这样才能拓展出更多的作品表现形式。

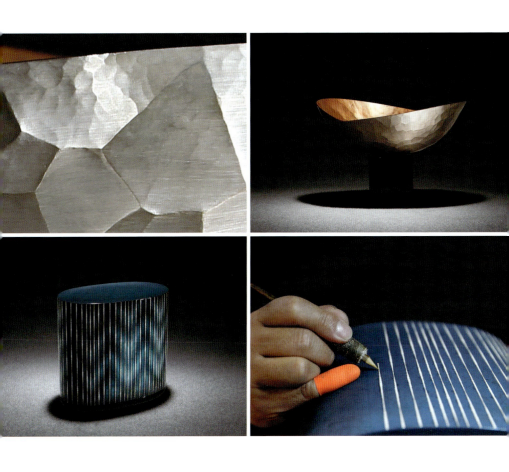

左上、右上图为由玉川堂工匠手工打造的跨界工艺品"魂动器"。左下、右下图为漆器名匠七代金城一国斋受"魂动"理念启发亲手绘制的蛋壳雕漆箱"白糸"

第4章

打造全新马自达品牌形象

视同非吾所欲，
感同乃吾所求。
细微之处，当全力以赴。

当设计提升到一定水平，
品牌本身便已成为设计。

将"魂动"理念渗透到客户所能接触的每一个角落

马自达这些年来所取得的进步,不只体现在造车工艺上。
将"魂动"理念渗透到客户所能接触的每一个角落,
马自达品牌必将变得更强、更具魅力。

在经历了漫长的发展变革后，马自达设计的适用范畴早已超越了汽车设计领域。如今，马自达在向客户传播企业文化理念，创造与客户之间平等高效交流环境等方面也颇有建树。设计活动已经成为马自达在建设品牌形象过程中最重要的一环。

马自达试图让每一个与客户交融的媒介在设计上一以贯之。从最直观的销售展厅内外观升级改造，到调整宣传手册上的车辆展示角度，再到优化官方网站信息，甚至连销售顾问发放给客户的名片都更新了版式设计。对此，马自达品牌形象综合管理部部长高桥笃博先生解释道："关于品牌建设问题，由于此前我们并没有制定统一的宣传标准，导致店铺、官网以及广告等几个品牌推广渠道之间没有形成良好的相互引导、促进的作用。我们希望抓住这次设计改革的机会，将此前分散的力量汇聚一处，从一点一滴做起，最终使公司的每一个细节都能以相同的形式，为大家展现一个全新的马自达品牌形象。"

改革的脚步没有休止于日本国内，马自达在海外市场也陆续开展了类似的品牌重塑活动。对此，马自达常务执行董事青山裕大先生（青山裕大先生负责马自达全部业务的综合管理工作，包括品牌推广、全球市场开发、客户维护等）表示："不论在日本国内还是国外，包括研发、生产、业务等部门在内，公司全体员工都必须遵循统一的品牌宣传策略。为此，我们曾多次将各国分部的一把手召集到一起，举行各类研修活动，指导他们如何成为马自达在当地的形象大使，以及如何对外宣传公司的统一品牌形象。"

● 马自达在重塑品牌形象过程中主要实施的策略：

1　推进国内外马自达 4S 展厅的升级改造工作
　　↓
　　间接提高了销售人员的工作动力

2　在展厅内增设客户与技术人员面对面交流的场所
　　↓
　　让更多客户能更为直观详细地了解马自达品牌的设计理念

3　调整宣传手册上的车辆展示形式
　　↓
　　通过调整宣传手册上的车辆呈现角度，最大限度展现车辆的魅力

4　及时更新官方网站及移动端应用程序中的内容
　　↓
　　丰富引导客户来店的渠道

5　重新设计员工名片的版式
　　↓
　　抓住每一处细节，建立统一的品牌形象

　　　　　　　　大至展厅，小到名片，
　　　　　　　　　马自达试图让每一个与客户交融的媒介在设
　　　　　　　　计上一以贯之

如咖啡馆一般的 4S 店展厅

沿着东京的明治大街一路向南，经过与早稻田大街相交的十字路口后，再走不远，就能在右手边看到一栋表面覆盖着黑色百叶窗结构装饰板的建筑物。在这栋建筑的首层，有一个凹陷进去的露台，露台上方的建筑结构由一排木质立柱支撑。透过露台后方的落地窗，能看到布置在店铺一隅的饮料吧台。此时，如果没有旁边停放着的一辆辆光鲜亮丽的展车，恐怕任谁都会觉得这是一家颇有情调的咖啡馆。

实际上，这是 2016 年 11 月完成升级改造，并重新对外营业的关东马自达高田马场店。这是关东马自达继 2013 年的洗足店及 2015 年的目黑碑文谷店之后，第三家基于马自达全新设计理念升级改造的汽车 4S 店。马自达将展厅形容为"盛放作品的器皿"，在这里，客户不仅能欣赏、体验到马自达的最新产品，还能与车辆的开发设计人员进行面对面交流。这种展示方式在不知不觉中拉近了店铺与客户间的距离。

改造前的高田马场店外观看起来毫无特色，内部装饰也只是一般的办公室风格，展厅整体氛围与"魂动"理念倡导的生命之美相差甚远。因此，为最大限度释放"魂动"理念赋予车辆的动人魅力，关东马自达开启了筹备已久的高田马场店展厅升级改造工程。承担展厅设计工作的是 SUPPOSE DESIGN OFFICE 的创始人兼设计师谷尻诚先生和吉田爱小姐，两人曾在 2015 年经手目黑碑文谷店的展厅改造工作。这次，他们依照马自达的要求，并结合上次的经验，在搭建展厅内部主体结构时运用了大量木质构件，同时根据展车的实际摆放位置，对灯光的照射强度和角度进行了反复调试。

此外，考虑到店铺紧邻人流密集的商圈，不远处还有著名的早稻田大学，两位设计师决定将汽车展厅设置在整栋建筑的首层，并在展厅外侧铺设了一个小型露台，从而为展厅

上图为2016年11月完成升级改造,并重新对外营业的关东马自达高田马场店。展厅建筑整体以黑色为基调,看上去颇具现代感。此外,设计师还在展厅外侧铺设了一个小型露台,从而为展厅营造出一种延伸至街边的开敞感

汽车展厅位于整栋建筑的首层。在设计师的精心布置下,这里成为释放"魂动"理念赋予车辆动人魅力的最佳场所

经过改造后，展厅给人带来的不再是之前那种非买莫入的冷漠感，从店内一直延伸至街边的设计，使客户能更加随意地进出展厅

营造出一种延伸至街边的开敞感。店内设有专门的饮料吧台，销售人员可以将客户引导至一旁的休息区，让客户坐下来一边品尝香浓美味的咖啡，一边听取车辆的详细介绍。为此，高田马场店的销售人员还特意利用业余时间学习了各种咖啡拉花的制作方法。

经过改造后，展厅给人带来的不再是之前那种非买莫入的冷漠感，从店内一直延伸至街边的设计，使客户能更加随意地进出展厅。如此一来，除众多"马自达迷"纷纷前来"朝圣"外，一些对建筑本身感兴趣的客户也会特意赶来一睹新店风采。面对热情如潮的四方宾客，店内销售人员的干劲儿也空前高涨，他们不遗余力地向每一位客户详细介绍着车辆的制造工艺以及相关的设计理念。在融合了马自达最新设计理念的全新展厅映衬下，车辆的所有卖点都完美呈现在客户眼前。

高田马场、目黑碑文谷及洗足这三家 4S 店，还专门开辟了供客户与车辆设计师、工程师面对面交流的场所。在轻松愉悦的环境中，设计师和技术人员得以与客户敞开心扉，促膝交流。马自达与客户间的关系由此发生了微妙的变化。对此，一位店内销售人员表示："以前，我觉得自己只是一个为店里打工的汽车销售员。在马自达全新设计理念的熏陶影响下，我对自己的身份又有了新的认识。如今，我在接待客户的过程中，更愿意和他们聊一聊自己眼中的马自达究竟是一家什么样的企业之类的话题。通过这些话题，我们在不知不觉中拉近了彼此的距离。我也因此结交了很多志趣相投的新朋友。"

不断增强的身份认同感

除关东地区外，东北马自达和神户马自达也于 2014 年开始陆续对展厅实施了升级改造。迄今为止，日本国内已有超过五十家马自达 4S 店展厅完成了升级改造工作，并且无一例外地得到了当地客户的好评。从收到的调查结果看，客户们对新

(供图:矢野纪行)

上图为目黑碑文谷店的新车交车区。交车区内摆放着汽车用品、设计类书籍、比例模型以及"魂动"工艺品等,这是一个融汇了马自达品牌精髓的休闲体验空间。下图为升级改造后的海外马自达展厅一隅

一代展厅的好评点主要有"展厅氛围与马自达品牌形象十分匹配""展车的颜色特别醒目""店内环境非常舒适,等待过程也不会很辛苦"等。其中,有一位客户的意见非常具有代表性,他认为:"现在,店内展车在表现形式上明显形成了一种设计上的统一感,马自达用设计改变品牌形象的做法,我认为是能得到大多数客户认可的。"

随着展厅升级改造工作的持续推进,店内销售人员的工作热情也日益高涨。上述调查问卷同时收集了不少来自销售人员的声音,其中比较有代表性的回答有"很荣幸自己能在新店工作,有时遇到其他店的同事过来参观甚至还会有些紧张""为全体员工能在新店工作感到自豪""今后会更加珍惜与客户接触的机会"等。有的员工甚至还半开玩笑地表示:"店长比以前变得更活泼了。"实际上,新店的整体氛围确实比改造前"活泼"了不少,例如大家以前穿的都是店里统一发放的制服,而现在可以穿着自己喜欢的西装来上班了。

新一代展厅投入使用,不仅大幅提高了客户满意度,店铺自身也收获了更高的进店率和更多的订单。今后,马自达计划加快推进剩余展厅的升级改造工作,同属于关东马自达的东京板桥店据说已经列入下一批改造名单。

与客户交流的新途径

根据展厅改造后客户和员工们反馈的信息,马自达认为创建一个能直接向客户传达造车理念的场所已经迫在眉睫,这能让更多人体会到马自达设计为生活带来的改变。在这一思路下,马自达于2016年1月在大阪建立了旗下第一个品牌体验空间"MAZDA BRAND SPACE OSAKA"。

"MAZDA BRAND SPACE OSAKA"坐落于大阪著名的梅田蓝天大厦底层,尽管只有两辆展车,却丝毫没有影响马自达向公众展示品牌形象。因为无论网站和宣传手册收录的信息有

（供图：行友重治）

"MAZDA BRAND SPACE OSAKA"坐落于大阪著名的梅田蓝天大厦底层，马自达在这里举办过二十余场产品说明会，邀请过三十余位设计师和工程师为到场客户答疑解惑。现在，这里已经成为加深马自达与客户之间关系的一个重要场所

多么丰富，都不如车辆技术人员用最真切的语言与客户进行面对面交流来得实在。据粗略统计，来店参观体验的客户中有一半都是马自达车主。如今，这里已经成为"马粉"们进行线下交流的最佳去处之一。

对于这一现象，现任马自达日本营业部副部长游上孝司先生表示："我们本来就没把这里定位成一个单纯的汽车展厅，更多还是希望为大家提供一个相互交流的场所。为此，我们特意从广岛总部请来车辆设计师和技术人员，与大家分享他们在开发设计过程中产生的一些真实想法，帮助大家更好地欣赏、领会马自达品牌的魅力所在。"

自 2016 年开业以来，这里共举办过二十余场产品说明会，请来三十余位设计师和工程师为到场客户答疑解惑。每一次说明会现场几乎都是座无虚席，场面热闹无比。在最近的一次说明会上，负责 CX-5 底盘开发工作的工程师向大家详细介绍了马自达理想驾姿的开发历程。最后，这位工程师颇有感触地说道："以前，我们很难有时间详细向大家讲解产品开发背景，今天，借这次说明会的机会，终于可以向大家解释清楚了。如果您能在听完我的讲解后发出'原来这种细节你们都考虑到了啊'之类的感叹的话，就是对我们工作的最大鼓励和表扬。我们会珍惜每一次与客户的交流机会，争取让更多人了解并体验到马自达设计为生活带来的变化。"

就像这位工程师谈到的那样，如今的马自达变得更加重视与客户之间的沟通交流问题。除前文提到的品牌体验空间外，马自达还通过车展、试驾会、品牌媒体日等途径，尽可能多地创造与客户零距离接触的机会，而这也坚定了马自达员工为客户提供更优质产品服务的信念。

(供图:行友重治)

为最大限度衬托展车的魅力,店内整体装饰以黑色为基调。侧挂在展厅入口墙壁上的红色 MX-5,无疑是这里最醒目的一块招牌

与建筑设计师之间的"共创"活动

马自达的新一代汽车展厅究竟是怎样设计出来的？
下面请看发生在马自达与展厅设计师之间的"共创"故事。

　　承担马自达目黑碑文谷店及高田马场店展厅设计工作的是建筑设计公司 SUPPOSE DESIGN OFFICE 的创始人兼设计师谷尻诚先生和吉田爱小姐。在一次由该公司举办的名为"THINK"的创意设计活动中，两人结识了一位出席活动的马自达设计师，随后受邀参加了马自达举行的新一代厅设计竞赛活动。比赛中，两人追求完美的执着精神，给马自达的评委们留下了深刻印象。最终，马自达决定将展厅设计工作托付给他们。

　　马自达公司总部位于日本广岛县，而谷尻先生也生于广岛，因此在他看来，马自达品牌获得客户支持与信任的根本原因之一，就是其源于广岛人民朴实作风的踏踏实实的造车理念。于是，谷尻先生在构思展厅设计方案时，加入了许多自己记忆里只属于广岛的淳厚乡土气息，以及汽车设计所必需的洗练与质感，使地处闹市的展厅依然能保有别具一格的闲情雅趣。

　　与奔驰、奥迪等欧洲传统汽车巨头散发出的居高临下的气势相比，马自达给人的感觉要低调许多。因此，为了在保留马自达平易近人形象的同时，又体现出展厅应有的格调与质感，设计师吉田小姐充分发挥了自己在素材方面的特长，用黑色玻璃墙幕作为展厅外壁，以更好地衬托蕴藏在"魂动红"中的摄

(供图：矢野纪行）

上图是由建筑设计公司 SUPPOSE DESIGN OFFICE 与马自达设计部门携手"共创"的目黑碑文谷店汽车展厅

人心魄的色彩表现力。展厅内部结构以木材为主,目的是使展厅整体呈现出一种简约自然的田园风格,同时也体现了谷尻先生一直强调的建筑本身所应具备的纯朴质感。如此大规模地采用木质结构来建造展厅,在整个汽车行业里都是前所未有的,这也在一定程度上呼应了马自达不拘一格的造车理念。

建筑设计与汽车设计间的理念差异

为使展厅风格与"魂动"理念所倡导的设计形式交相呼应,两位设计师必须时刻与马自达的设计部门保持联系。随着设计进程的推进,双方的设计理念差异也愈发突显。谷尻先生后来在接受采访时曾说:"虽然汽车设计与建筑设计之间存在许多共通的部分,例如'减法'美学的运用,以及将产品功能性特征融入其造型中的理念,其实都是相通的,但双方对曲面和作品整体结构的态度却又是截然相反的。"

关于这一点,最明显的一个例子就是双方围绕目黑碑文谷店展厅转角设计问题所产生的争论。最初,谷尻先生和吉田小姐受马自达曲面车身概念的启发,将展厅正面设计成一个凹陷

上图为SUPPOSE DESIGN OFFICE的两位创始人谷尻诚先生和吉田爱小姐

的弧面,但这个方案很快就被马自达否决了。因为在汽车设计师的认知里,一栋建筑的外形可以带有适当的曲率变化,但绝对不应该出现纯弧面结构。最终,经过双方的反复协商,展厅正面由弧面形式更改为转角部分带有一定弧度的钝角形式。

此外,双方对于展厅上下层结构的处理方式也存在不同见解。谷尻先生拿出的方案在建筑领域比较常见,即上层向外伸出、下层向内收缩的经典设计形式。但马自达认为,在设计汽车外观时首先要考虑的就是车辆造型是否能让客户感到稳定,而展厅作为车辆展示的场所,理应带给客户相同的感受,因此希望谷尻先生将展厅下层部分设计得更加稳重饱满一些。

如今再来回顾双方的合作过程,我们不难发现,尽管设计理念上的差异导致项目进程并不如预想中顺利,但也正是因为有差异存在,才使我们有机会欣赏到如此美妙的建筑形式。谷尻先生在总结这次合作项目时也表示:"通过与马自达的'共创'合作,我学会了如何解读不同领域间的设计差异,而且见识到了合作激发的巨大能量。按照自己熟悉的方式工作固然会得心应手,可如果贪图一时安逸只在自己擅长的领域发展,显然是无法创造出令人耳目一新的设计风格的。"

第 5 章

马自达设计的前世今生

用双手创造出前所未有的设计形式,
感动客户,成就自我。
正是由于对极致表现的不懈追求,
才使我们孕育出崭新的造型、设计
与企业文化。

创造车辆全新表现和孕育企业独特文化是马自达设计在重塑品牌形象过程中肩负的重要使命

"魂动"理念为马自达品牌开创了一个全新的时代。
马自达将何去何从？
答案就在总揽马自达设计战略的前田育男先生心中。

问：请您为我们介绍一下您当时出任设计部部长时的情况。

前田育男：那是 2009 年的事了。当时母公司福特受次贷危机影响，决定解除与马自达之间的资本合作关系，我就是在那个时候接替劳伦斯·范·登·阿克先生（Laurens van den Acker），任设计部部长一职的。

这次人事更迭意味着自 2001 年开始由福特公司主导的设计体制，即将迎来一场翻天覆地的变化。作为在设计部门中许久未见的日本籍部长，以及一名土生土长的马自达人，对我来说，这是一次不容有失的挑战。直到现在，我对当时自己想要引领经历兴衰变迁的马自达重回巅峰的必胜信念仍记忆犹新。

将马自达带入一流品牌行列

作为设计部门的最高决策者，我的目标其实非常明确，那就是将这家伴随自己成长的公司早日带入一流品牌行列，使它拥有与品牌实力相匹配的价值。但在我刚刚接任部长一职时，其实完全不知道今后该怎么办。实际上，我是在正式上任两周前才接到公司调令的。当时根本没想到公司会让我来接任这个职位，因此的确经历过一段非常困惑的时期。

问：您当时想要将马自达汽车的设计形式变成什么样子呢？

前田育男：我记得刚上任时，自己感觉像被一股强烈的危机感包围了。从我当时不知所措的状态来看，其实我并没有做好充足的准备，心中充满了不安和焦虑。不过，我那时也清楚地意识到，这将是使马自达品牌迈向变革之路的一次绝佳机会。

常务执行董事兼设计·品牌形象负责人前田育男（Ikuo Maeda）

前田育男先生出生于日本广岛县。1982年自京都工艺纤维大学毕业后，入职东洋工业株式会社。2009年就任马自达设计部部长一职。2010年亲手缔造了马自达全新设计理念"魂动"，并推出首款应用"魂动"理念的概念车"靭"。2015年推出概念车RX-VISION。其父是马自达第一任设计部部长前田又三郎，第一代RX-7的设计者

此后的半年里，我一直反复追问自己两个问题："自己想要做的是什么"和"自己应该做的又是什么"。我当时还负责第三代阿特兹的开发设计工作，不得不为此付出大量精力，因此我索性将阿特兹的设计回归到最初的一张白纸，一边回顾马自达的发展历程，一边思考哪些应该保留，哪些可以舍去，努力在自己的脑海中勾勒出公司未来可能的样子。

为此，我必须回头重新审视马自达推出的每一款车型，寻找那个最为耀眼的身影。在众多优秀设计中，我认为最能体现马自达精神的要数1989年推出的第一代MX-5和1991年推出的第三代RX-7。每当它们的身影从眼前掠过，我都会由衷感觉那种立体的车身形态表现依然堪称世界一流。也正是从那一时期开始，马自达才真正具备了设计具有较高完成度的车身造型的能力。

现在再回想那时的情况，简直就像一场发生在设计师与模型师间的没有硝烟的战争。记得有一次，我拿着刚画好的图稿跑去模型师那里，想要和对方商讨设计方案是否可行，对方接过图稿只是随便看了一眼，就扔了回来，嘴里还不耐烦地喊着："以后别再拿这种二维设计过来！"我们设计师就是在这种环境下一点一点成长起来的。

问：请问在马自达，模型师处于一个什么样的地位？

前田育男：在马自达，能称为模型师的人一定有独一无二的技术或能力。他们能把绘制好的三维数字模型全部装进自己的大脑里，还能迅速将所需要的部分原封不动地还原在你面前。从历史上看，马自达向来是一家十分重视模型师能力的企业，除了刚才提到的数字模型师外，我们还有许多优秀的油泥模型师在背后默默贡献着自己的力量。

马自达设计能取得今天这份成绩，离不开模型师们付出的汗水与智慧。因此，为表彰他们做出的贡献，同时也为最大限度激发他们的潜能，我们会授予那些表现特别突出的人才"匠模师"的称号，并提供给他们与能力相称的职位和待遇,这也在无形中提高了员工的工作积极性。

全员都是艺术家

随着设计经验的不断增长,设计师们提出的设计方案水平也比原来有了很大提升,这就需要模型师们拿出更为高超的技术,才能将方案最终落实到模型中。如今在马自达,模型师除了要能按设计要求制作车辆油泥模型外,还要具备一定的方案修改能力,也就是所谓的"艺术家精神"。为此,我们每年都会举办一次专门的艺术交流活动,参加活动的模型师会带来他们根据当下设计理念制作的雕塑工艺品,而设计师则会从这些抽象的工艺品中汲取新的创作灵感。

最近,我们还积极与日本传统手工艺者交流,共同开展制作全新领域工艺美术品的"共创"活动。我们这么做的目的其实很简单,就是希望通过这些活动让大家真正去思考,究竟什么样的造型才称得上是美的。不管出发点在哪里,总之就是要让那些优美的造型表现形式能世世代代传承下去。

问:那么,是否可以理解为"魂动"理念就是由此而生的呢?
前田育男:在马自达的设计史上,曾有一段时期是以活力盎然的跃动感作为车辆设计主题的。而如今,在我们的设计理念中出现的有关"动"的表现形式,更多是为阐明跃动感究竟为我们的品牌带来了哪些价值。

"赋予汽车生命之灵，
是我等设计师毕生之所求"

"人马一体"设计理念如今已经深深植根于马自达的精神内核中,我们的员工在谈论有关车辆的话题时,都会自然而然地使用"作品""爱车"等充满爱意的称谓。对马自达人而言,汽车就如家人一般,我们希望将这种感受忠实地传递到每一位客户的心中。

一般人可能无法理解马自达渴望将汽车变为家人的那种心情。我们想让它活起来,换言之,赋予汽车生命之灵,是我等设计师毕生之所求。这就是我们最初创造"魂动"理念时所抱有的信念。而将"魂动"理念真正具象化为实体造型的,正是概念车"靱"。

问:帮助公司其他部门同事理解设计工作在实现"魂动"理念过程中起到的重要作用,对于以设计为经营之本的马自达来讲绝对是一项不可或缺的工作。请问对此你们都做出了哪些努力呢?

前田育男:首先我们要描绘出理想中的设计理念究竟是什么样子,然后选择一种最简洁的表达方式传达给众人。在将现阶段设计理念正式定名为"魂动"之前,我们就意识到必须使用最通俗易懂的名词,此外还必须使用由两个汉字组成的名词来形容这一理念。其实,一开始我也尝试过用单汉字名词来命名,比如"灵魂的跃动"【原文为"魂の動き",其中"動き"(うごき)为非汉字词汇,而译文中的"单汉字名词"特指"魂"(たましい),译者注】,尽管我们一般不会这么讲,但表达的意思是大体相同的。后来,为了在海外也能顺利传播我们日本企业的风格品味,最终还是决定使用读音更具魅力的双汉字名词来命名这一设计理念。

将感动传递到每一位员工心中

不过,当时的"魂动"理念毕竟还只是一个十分抽象的概念,我后来又陆续和许多人聊起这个话题,而真正能通过我的描述理解"魂动"理念涵义的人实在是寥寥无几。直到2010年9月我们公布了首款基于"魂动"理念设计的概念车"靱"后,这种情况才有所好转。

"靱"的独特造型与质感深深打动了每一名马自达员工的心，大家也因此感觉马自达的品牌形象相比以前有了巨大提升。

在为公司管理层准备的新车说明会上，当我们掀起蒙在"靱"身上的薄纱时，在场的每一个人都激动得鼓起掌来。因为在那一刻，大家突然意识到，自己多年来所共同追寻的完美目标，已经真真切切地展现在眼前。

以往，我们在设计新车型时都是分阶段向管理层汇报工作进度的，只有这一步的工作得到上级的认可，才会继续实施下一步计划。但情况在"靱"这里却有所不同，在整个设计过程中，直到新车说明会召开的那一天，我们才第一次正式向外界披露了"靱"的设计信息。因为我们想要得到的，是那种观众看到"靱"的瞬间就为其迷人身影所折服的设计效果。而如果达不到这种效果，我们之前所做的一切努力就付诸东流了。

"靱"的作用不只是"出席"各类展会活动那么简单，它还肩负指引马自达未来设计发展方向的重任。此外，马自达旗下各车型的迭代工作也将由此拉开序幕。可以说，这是一次赌上公司命运的挑战，而我们也的确是以一锤定音的心态来迎接这次挑战的。

问：有传闻说，你们在将"魂动"理念引入量产车设计的过程中遇到了很大阻力，您能为我们讲讲当时的一些具体情况吗？

前田育男：将"魂动"理念引入到量产车设计中确实比我们想象中困难得多。"靱"这款车最大的革新在于重新调整了车身比例，我们将A柱大幅后移，使整个车身看上去仿佛一只蓄力前跃的猛兽。可这种造型理念与当时同步开发的第三代阿特兹的车身比例似乎很难兼容，要想改变这一设计形式，我们的设计师和工程师都要耗费大量时间和精力，另外资金方面可能也会面临不小的压力。

当时，公司内部的确出现过一些消极声音。不过，即便如此我们也必须咬牙坚持下去。因为如果不这么做的话，我们就永远也看不到马自达品牌走向辉煌的那一天。

梦想是支持我们不断前行的动力

后来，我第一时间试乘了采用"创驰蓝天技术"的工程样车。全新平台为车身带来了超高刚性，而我们自主研发的清洁柴油发动机所爆发出的强劲动力，更是给我留下了深刻印象。此时，公司在"创驰蓝天技术"上已经投入了相当多的人力物力，相关项目也先后步入正轨。而我最担心的是，我们设计部门是否也能获得公司同等程度的支持呢？

为实现心中的理想，我们必须争取到足够多的支持，为此，哪怕是给别人下跪也在所不辞。结果，我们以延误阿特兹开发进程为代价，换来了片刻的喘息机会。一时间，公司的经营状况受到了极大影响。但我们顶住了来自各方的巨大压力。支撑我们不断前行的，正是初见"靱"时的那份感动，以及引领公司走向强大的坚定信念。最终，新一代阿特兹没有辜负我们的期望，它用完美的表现，让我们见识到了马自达旗舰车型骨子里的领袖风采。

问：请您为我们介绍一下马自达 2015 年推出的 RX-VISION 都体现了"魂动"理念的哪些设计要素。

前田育男：RX-VISION 的设计主题与"靱"是有一定区别的，它更注重表现的是"魂动"理念的内在精神。在 RX-VISION 尚处于油泥模型状态时，你可能很难从它身上找到跃动之感。而一旦涂装完毕，在外界光线的照射下，它的身上就会呈现出光怪陆离的光影反射效果。

设计过程中，我们希望用尽可能简练的形式来塑造 RX-VISION 的外观造型。为此，我们引入了"减法"美学的概念，想藉此摒弃设计中一切多余的元素。此外，为展现车辆摄人心魄的魅力，我们将车身设计成了此前鲜有应用的立体结构形式。实际上，繁复的设计改进反而使车身外观效果变得更加简洁，而这种精密的立体结构，也正是我们心中体现日式美学理念的最佳形式。

如果我们的作品不能瞬间将美传递给现场观众,不论设计师在造型上耗费了多少心血,都意味着这项设计的生命已经就此终结。

释放出不逊于任何一款名车的活力

2016年,我们设计部携RX-VISION出席了在意大利科莫湖畔(Lago Como)举办的埃斯特庄园(Villa d'Este)经典车展。尽管此前RX-VISION已经登上多个车展舞台,但这是第一次参加室外展会。与它同台亮相的都是各时期最负盛名的经典车,而出席展会的嘉宾也大都是拥有数十台经典车的汽车收藏家。说实话,当时真的非常紧张,因为我们不确定RX-VISION是否能在众多历史名车中获得一席之地。不过,就在我们看到湖畔的迷人风景映射到车身上的那一刻,笼罩在心头的忐忑不安之感便顿时烟消云散了。因为,此刻我们感觉出现在眼前的已经不再是一辆普普通通的汽车,而是一件足以令人陶醉其中的绝美艺术品。

RX-VISION的亮相瞬间吸引了所有在场观众的目光,诸如"这车真漂亮,已经上市了吗""看见它让我想起了参观日式庭院时的感觉"这样的溢美之辞不绝于耳。RX-VISION散发出的摄人魅力绝对不亚于现场的任何一辆经典车。也正是通过这次展会,我才真正相信眼前这个近乎能与周遭环境完美互动的"机械精灵",就是我们一直苦苦追寻的答案。

问:如今的马自达设计似乎更强调"日式风格",请问您是如何看待这个问题的?

前田育男:我认为一家企业在塑造自身品牌形象的过程中,最重要的一点就是要紧握"国家"这个概念。就像德国和北欧的一些汽车企业在品牌初创时期所做的那样,考虑的不能仅仅是价格和技术问题,还要思考如何将本国特有的文化与历史一同融入品牌形象中。例如,德国企业普遍借鉴了源自包豪斯建筑理念的那种坚不可摧的现代设计风格,而北欧企业则参考了渗透在家具、杂货,甚至生活方式中的被称为斯堪的纳维亚风格的设计表现形式,这也是现在很多人特别推崇的一种生活理念。

德国和北欧的人们非常推崇本国及本民族的传统文化信仰,而在日本,还有多少人懂得欣赏祖先留下的传统美学理念呢?现在,我们国家的动漫产业已经在国际上小有名气,另外在某些技术领域我们也称得上世界一流,但大家对日本车的印象却仍然停留在"便宜耐用"上。这无疑使我产生了一种强烈的危机感。

为充分挖掘"人马一体"驾控体验带给驾驶者的乐趣,马自达特意将RX-VISION的内饰空间设计成以驾驶者为中心的布局形式

不遗余力地寻找日式之美

当下,真正能将日式美学的本质转化为实体造型的工业设计作品可以说凤毛麟角,而就我个人而言,同样尚未交出一份令自己满意的答卷。但我和我的团队在这三年时间里一直没有放慢追寻日式之美的脚步。时至今日,我们已经从得到全世界人民认可的歌舞伎表演及和食料理中,发现了事物在历经千锤百炼后呈现出的独一无二的精致美感。此外,我们还拜访过许多经营传统日式工艺品的百年老店,在与他们共同创作的过程中,体验到了不少新鲜事物。

其中,最令人难忘的要数我们与玉川堂之间的合作经历。在玉川堂铜器师傅的指导下,我们的钣金工人制作了一件以"魂动"为主题的铜器。由于大家从事的都是金属加工工作,双方配合起来很容易产生默契感。到后来,我们的工人越干越顺手,甚至还向对方提出了不少建议。钣金工作不像制作油泥模型那样拥有较高的创作自由度,而在这里,工人们体验到了处理不同素材的乐趣。

直到我们真正领悟了玉川堂的创作精髓，才恍然发现他们对于传统工艺及其蕴藏的深厚历史文化的重视程度，远远超出了自己的想象。此外，他们在面对传统文化时所表现出的敬畏之情，同样值得我们学习。

问：到目前为止，"魂动"理念借鉴的传统美学理念都包括哪些呢？

前田育男：现在，一谈到传统美学理念这个话题，很多人首先想到的就是竹子、拉门这些经常出现在日式庭院中的景物。在我看来，这些景物都是流于表面的，如果人们能静下心来仔细想想蕴藏在这些景物之中的思想和寓意，我相信一定会有更加深刻的答案。给大家举个例子，在绘制西方风格油画作品时，画家会将颜料涂满整张画布。而在绘制日本画时，"留白"是一种很常见的表现手法。"留白"能使画面变得更加协调，减轻构图过满带来的压抑感，将观众的视线自然地引向作品主体部分，同时为其留下了充足的想象空间。

尽管我们拥有如此高深的美学思想，但工业设计领域却鲜有能完美体现这些思想的作品。当今的汽车设计行业同样如此。有些设计师担心，如果加入的设计元素不够，车辆造型就会显得单调无趣。因此，大家都"拼命"地在设计中添加各种新奇理念和元素，导致最终的作品看起来杂乱无章，或给人一种画蛇添足的感觉。其实，我们大可不必为此担心，就像我刚才讲到的"留白"那样，并不是只有一味地向设计作品中填充各种元素，才能使作品变得更富内涵。简洁的形式同样能为车辆带来有趣的灵魂。也正是凭借着这种信念，我们后来推出了全新概念车 VISION COUPE，以此来回应那些曾经质疑我们的人。

另外，无论 VISION COUPE 还是 RX-VISION，它们都有一个特点，就是车身侧面没有加入多余的线条。可能有人会问：那你们是通过什么方式来体现"魂动"理念强调的生命表现力的呢？实际上，我们是利用车身表面的光影变化来实现这一点的。车辆行驶过程中，周围环境是不断变化的，道路两旁的房屋、树木等景物反射在车身上的影像，自然也是不断变化的，由此产生的丰富多彩的"表情"，使车辆看起来仿佛具有了生命力。而其他品牌的大部分车型，车身上的光影变化都是相对固定的，因此人们望着它们远去的身影时并不会有什么惊讶之感。

问：请您为我们简单说明一下VISION COUPE与RX-VISION之间的设计差异。

前田育男：VISION COUPE的车身造型从头到尾充满了流体美感，而RX-VISION的设计亮点其实在于车轮部分。设计时，我们特意以它的前轮部分作为整个车头的至高点，同时将发动机舱盖安置在低于前翼子板的位置，这样一来，前轮就成了整个车身前部最为立体的部分。

"魂动"理念的两极

由于两者造型上的差异，车身反射的光线带给人的感觉是截然不同的。VISION COUPE的车身有一条贯穿头尾的直线，在灯光照射下，车肩上会形成一道锋利硬朗的光带，因此它给人留下的第一印象是"直线式"的。而车身采用大量曲面的RX-VISION，带给人的则是一种婉转美，同样的光线照射在车身上，形成的是一道柔美舒展的"Z"形光带。

车辆的造型与色彩往往是相辅相成的，因此"表情"各异的两款概念车在涂装选择上肯定也是有所区别的。我们为VISION COUPE挑选的颜色是象征冰冷机械的"铂钢灰"，而RX-VISION采用的是马自达标志性的"魂动红"。如果我们用日本刀的"凛"来形容VISION COUPE的色彩表现，那么RX-VISION代表的就是花朵的"艳"，两者恰如其分地体现了"魂动"理念的两极。

现在，我们销售的所有车型，车身造型都是以让客户感到强烈跃动感为设计目标的。不过，我们希望今后更多利用景物映射在车身上的变幻无穷的光影，赋予车辆更为缤纷绚烂的生命活力。我相信，这种全新的设计形式，一定会使马自达的下一代车型拥有更为丰富的造型表现。

问：请问VISION COUPE这款车的内饰部分是否同样采用了传统美学理念中的某些元素呢？

前田育男：我们在设计 VISION COUPE 的内饰时，借鉴了日本传统建筑理念中的空间构成手法。在传统日式建筑中，起到分隔室内外空间作用的不是墙壁，而是外廊与拉门。屋内与外廊之间有一扇名为"障子"的拉门，外廊与外界环境间则以防雨门板为界。外廊在白天时直接与外界环境贯通，而夜晚时只要关闭防雨门板，便可将外廊纳入室内空间。

　　这种被称为"隔间"的建筑概念，在我们手中得到了改良。我们将车门饰板、仪表板、中央扶手等内饰部件，通过"隔间"的形式交错排布，同时充分利用车内立体空间的深度以及前后车轴的长度，为内饰营造出一种空气流动的效果。此外，受"人马一体"设计理念的影响，马自达车型的驾驶座通常会设计得比较紧凑。如果尺度把握不好，就很容易像赛车内饰那样充满压抑感。而借助"隔间"概念设计的内饰，就能为驾驶者营造出一种身处传统建筑之中的氛围，使驾驶者明显感受到身体两侧的"外廊"为车内带来的空间开敞感。

问：据说在设计 VISION COUPE 的过程中，数字模型师起到了非常重要的作用，对此您是怎样认为的？

前田育男：我们在设计 RX-VISION 时，车身上的光影变化实际上是油泥模型师用双手一点一点摸索着调试修改出来的。但同样的方法却很难照搬到 VISION COUPE 身上，因为 VISION COUPE 的车身对光线反射条件有更严格的要求，如果还像之前那样摸索着来的话，就会耗费太久时间。

数字模型师绝非设计搬运工

　　因此，我们最后采用的是由油泥模型师与数字模型师共同创造的全新造型方法。首先，油泥模型师会按图纸制作出相应的油泥模型。然后，由数字模型师负责对该模型进行 3D 建模，检验车身上的光线反射情况是否满足设计要求，并将数据反馈给油泥模型师。最后，油泥模型师根据反馈结果再次制作油泥模型。这一过程中，数字模型师并非单纯地扮演"设计搬运工"的角色，他们会仔细体会油泥模型师的制作意图，然后在3D数字模型中加入自己对作品的理解，从而帮助油泥模型师打开思路，迸发出更多创意。

问：现如今，随着"设计"一词的定义变得越来越宽泛，大家普遍感觉设计师在设计过程中对"造型"和"美"的追求不像以前那么强烈了，请问您对这一现象有何看法？

前田育男：我们在造型上投入的每一分精力，其实都是服务于公司的品牌建设过程的。如果我们想最大限度地提升马自达的品牌价值，公司的全体设计师、模型师、技术人员以及经营管理者，就都必须牢记这一点。而为实现这一远大目标，我们设计部门首先必须拿出一眼就能打动观众的设计作品。因此，哪怕是在公司内部举行的设计研讨会上，如果我们的作品不能瞬间将美传递给现场观众，不论设计师在造型上耗费了多少心血，都意味着这项设计的生命已经就此终结。这正是马自达一直以来秉承的决不妥协的造车之道的真实体现。

随着新能源、无人驾驶等先进技术大量应用于车辆领域，整个行业正面临着一场前所未有的变革。尽管我们对这场变革持积极态度，但也担心这可能改变人们对汽车本质的一贯看法，汽车会不会从生活中的重要伙伴，变成一种纯粹用于出行的交通工具？如果有一天汽车真的成为纯粹的交通工具，那作为设计师的我们，再去追求汽车造型风格也就没有什么意义了。另外，从最近的一些汽车设计作品里，我已经感到设计师对汽车造型之美的那份渴求不及以往那般强烈了。

但无论外界环境变成什么样子，我们马自达都会永远坚持成为一家用心追求汽车造型之美的企业。在我们心中，汽车就像身边的挚友，早已与自己的生活息息相关、密不可分。因此，我们迫切想要将汽车造型之美带给自己的那份感动，分享给每一位客户，希望帮他们回忆起自己第一次坐进爱车时的那份欣喜之情。

VISION COUPE 代表了"魂动"理念中的"凛"。无论是流线型车身,还是游走在车肩上的高光,抑或是象征着金属质感的"铂钢灰",设计师巧妙地将这些元素融汇一体,将车辆的凛然之气展现得淋漓尽致

问：请问马自达的造车理念是如何转变成今天这种形式的？

前田育男：如今的马自达，在造车理念方面的确发生了很大转变。此前，我们只是尽可能地将单一车型的设计做到最好。而现在，我们更多考虑的是如何提升马自达的整体品牌价值。因此，我们的设计对象，实际上已经变成了马自达品牌本身。设计过程中，我们首先要确立品牌的整体设计方向，然后在此基础上根据各款车型的功能定位进行个性化设计。比如针对年轻客户我们应该如何，针对家庭客户我们又该如何等。

将客户对我们的爱化作追求新设计的动力

马自达的造车理念，是不刻意迎合那些让客户一窝蜂地追捧的新观念。尽管这一理念可能使我们的客户群体变窄，但我们依旧坚持只生产符合自己造车理念的作品。爱也好恨也罢，我们定会坚守这份信念，永不动摇。

这种借助"隔间"概念设计的内饰，能为驾驶者营造出一种身处传统建筑之中的氛围，使驾驶者明显感受到身体两侧的"外廊"为车内带来的空间开敞感

但我们依旧坚持只生产符合自己造车理念的作品。爱也好恨也罢，我们定会坚守这份信念，永不动摇。

不过，这并不代表马自达会完全忽视各类市场反馈。实际上，我们设计部会仔细对这些反馈意见进行筛选分类。为此，我们还特意举办过能与客户面对面交流的专场说明会，听他们述说自己与马自达之间的一些故事，将客户对我们的爱，化作追求新设计的动力。

欧洲的许多汽车厂家都有非常悠久的历史。他们十分尊重国家、品牌传统，并且善于将其作为一种特殊的价值，渗透到客户的认知中。因此，在客户的印象里，欧洲汽车品牌往往代表的是一种坚守国家传统、尊重品牌价值的造车理念。不得不说，他们的汽车产品在工艺品质方面的确非常出色。反观马自达，尽管拥有与对方同样悠久的历史，却没有在品牌中融入任何能体现自身历史文化价值的元素。因此，我认为在这一点上，欧洲车企的做法是非常值得学习借鉴的。

学会在这个时代坚守自己的信念

现代社会价值观讲求的是对资源的高效合理利用。诞生于这一环境下的自动化移动出行方式，尽管能为社会创造更高的价值，但也使人们对"人车一体之感""工具与心灵间的融汇互通"等人车关系问题的思考，变得愈发淡薄。不过，越是如此，我们就越要学会在这个时代里坚守自己的信念，永远视汽车为家人、为挚友，将汽车本就拥有的魅力，打磨得更加精致而传神。为此，我们不仅要从传统美学理念中汲取"美"的概念与元素，更不能忘记我们在用双手打造带有生命之温的车辆造型时，心中对"美"的那份不懈追求。

这是将工具与心灵间的联通视为核心造车理念的马自达，才能创造出的车辆造型表现。我认为，马自达完全可以将这种精神当作企业经营的独特理念，根植到品牌基因之中，成为代代相传的薪薪之火。而这，也将是马自达设计未来所要肩负的一项全新使命。

马自达设计之路

1959 年 /K360

马自达设计的起点

K360 是一款三轮结构的微型货车。由于彼时尚未成立独立设计部门，马自达将 K360 的设计工作委托给了业内公认的日本工业设计第一人——小杉二郎先生。K360 采用了上白下粉的双色车身涂装，前照灯罩和前保险杠的形状借鉴了轮船的造型元素。车头部分带有弧度的流线型设计，不仅能减小行驶中的空气阻力，还能使车身在采用较薄钢板制造的情况下，就拥有足够的碰撞强度。这次借助他人之手完成的车辆设计工作，激发了马自达对工业设计的兴趣，也开启了马自达的设计之路。

20世纪60年代

（设计理念初创）

1960年，马自达凭借微型车R360 COUPE成功打入了心念已久的乘用车市场。从开始制造三轮货车到正式生产普通乘用车，马自达足足蛰伏了近三十年之久。马自达将当时日本国内乘用车市场的需求结构以金字塔形式逐级展开，在详细分析了自身的优劣势后，决定采取从金字塔最底层，即当时需求最旺盛的微型车入手，逐渐向金字塔上层拓展的产品开发战略。为此，马自达于1959年正式组建了独立的车辆设计部门。但由于缺乏设计经验，设计部成立之初不得不通过临时聘请其他公司设计师，以及与国外汽车设计公司合作等方式，来提高自身的审美和设计水平。20世纪60年代，马自达先后推出了Carol 360（1962年）、Familia（1964年）和Luce（1966年）等一系列经典车型。

1967年无疑是马自达造车史上最值得铭记的一年。这一年，马自达推出了世界上首款搭载双转子发动机的量产车Cosmo Sport。得益于转子发动机轻巧的主体结构，Cosmo Sport拥有了同时代罕见的低矮、流畅的车身造型。其充满未来气息的车身比例，也引领了日后转子跑车的外观设计风格。

1960 年 /R360 Coupe

马自达史上第一款乘用车

在 20 世纪 60 年代初的日本，拥有一辆私家车是很多家庭最大的梦想。马自达敏锐地捕捉到这一商机，并顺势推出了公司史上第一款乘用车 R360 Coupe。作为一款微型双门四座轿车，R360 Coupe 的车身高度仅有 1290mm，前照灯与尾灯之间的车身隆起部分，不仅提高了车身的整体强度，还使原本较短的车身在视觉效果上显得更为修长。在制造材料方面，马自达为 R360 Coupe 选用了全铝发动机舱盖及镁合金发动机部件等大量轻量化材料，创造了当时日本国产汽车的最轻重量纪录——380kg。此外，R360 Coupe 的售价仅为 30 万日元，这在当时的市场背景下可以说极富诚意，因此甫一上市便获得了大众消费者的青睐。

1967 年 /Cosmo Sport
马自达转子传奇的起点

在 1963 年 10 月的日本汽车博览会（即现在的东京国际车展）上，马自达公开展示了世界上首款搭载双转子发动机的量产车 Cosmo Sport。负责 Cosmo Sport 开发设计工作的是马自达设计部聘请的首位全职设计师小林平治先生。得益于转子发动机轻巧的主体结构，Cosmo Sport 的车身高度仅有 1165mm。修长的发动机舱与行李舱，搭配粗壮的 C 柱和曲面后风窗，赋予了 Cosmo Sport 同时代罕见的低矮、流畅的车身造型。其充满未来气息的车身比例，也引领了日后转子跑车的外观设计风格。

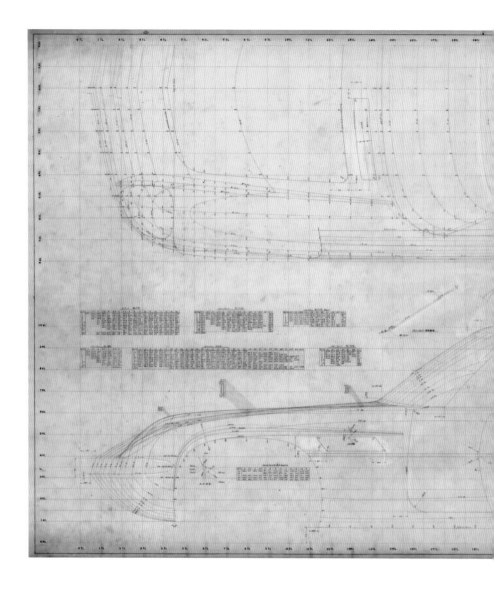

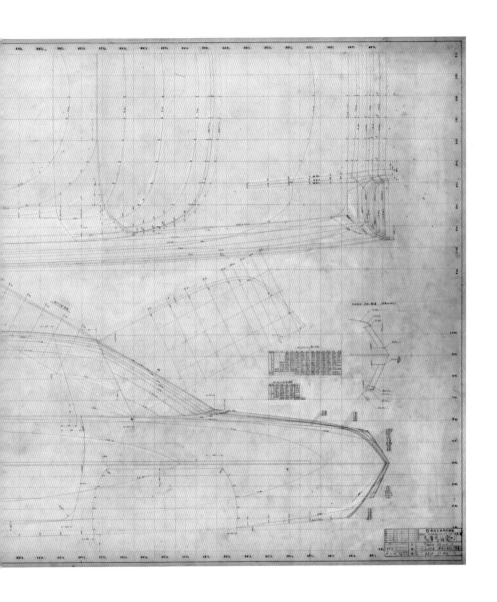

上图为1∶2比例的Cosmo Sport手绘设计稿。设计师用绘制地图等高线的方式,将车身的立体造型结构转化为平面视图,使设计稿看上去精致、美观。负责Cosmo Sport开发设计工作的是马自达于1958年聘请的首位全职设计师小林平治先生

1968 年 /Familia Rotary Coupe
造型奇特的平民转子跑车

　　为尽快在市场上推广转子发动机技术,在推出 Cosmo Sport 的第二年,马自达又以 Familia 为原型,推出了搭载转子发动机的 Familia Rotary Coupe。与 Cosmo Sport 将近 150 万日元的高昂售价相比,Familia Rotary Coupe 仅 70 万日元的售价就显得平易近人得多,因此在市场上引起了强烈反响。Familia Rotary Coupe 的外观具有浓郁的时代特色。由于当时流行椭圆形车身造型,设计师特意将 Familia Rotary Coupe 的前后保险杠两端设计为向上扬起的形式,并使车身两侧腰线与前后保险杠相连,进而形成了一个独特的椭圆形。内饰则沿用了 Cosmo Sport 的 T 字形中控台设计。此外,这一代 Familia 还是马自达第一款采用方形前照灯的车型。

1969 年 /Luce Rotary Coupe

身出名门的"贵公子"

　　1966年，由意大利著名设计工作室Bertone主导设计的，马自达旗下最豪华车型Luce正式亮相。三年后，即1969年，马自达在第一代Luce的基础上独立进行了二次开发设计，推出了搭载转子发动机的Luce Rotary Coupe。作为马自达旗下首款采用前置前驱布局的车型，Luce Rotary Coupe搭载了最新的655cc（0.655L）双转子发动机。Luce在意大利语中意为"光与闪耀"，而Luce Rotary Coupe光鲜亮丽的车身造型恰如其名，同级别车型中最小的车身风阻系数，赋予它190km/h的最高行驶速度。因此，车迷们又亲切地称它为"高速路贵公子"。至于售价方面，配装空调系统的顶配车型售价高达175万日元，而当时的日本大学毕业生平均月薪仅为3万日元——Luce Rotary Coupe算得上一位名副其实的"贵公子"。

20 世纪 70 年代

（美式设计风格盛行）

20 世纪 70 年代，马自达在日本出口贸易市场崭露头角，其汽车产品出口量自 1965 年的不到 1 万辆，猛增至 1970 年的 10 万辆。受日益严峻的环境污染问题影响，美国政府于 1970 年颁布并实施了更为严格的汽车废气排放法案，而转子发动机受固有结构限制，在排放控制方面"先天不足"。一时间，马自达在北美市场陷入了进退两难的境地。不过，马自达并没有就此放弃，最终于 1973 年攻克了废气排放控制难题，使转子发动机通过了美国环境保护局的测试，并在当年创下了 34 万辆的新车出口纪录。自此，马自达的设计风格开始更多迎合前景更为广阔的北美市场。

散发着野性之美的 Savanna，与外表热情似火而内心成熟稳重的 Cosmo AP，是马自达在这一阶段最具代表性的两款作品。此外，马自达没有在追求纯粹驾驶乐趣的道路上止步不前，于 1978 年推出了 Savanna 的后继车型——搭载转子发动机的传奇跑车 RX-7，其低矮犀利的楔形车身有如一道曙光，照亮了当时陷入两次石油危机"泥沼"中的跑车市场。

1971 年 /Savanna

驰骋草原的王者

　　Savanna 与世界上第一艘蒸汽机船同名，旨在表现驰骋草原的王者——狮子身上那股充满力量的野性之美。1971 年上市的 Savanna，是马自达第五款搭载转子发动机的车型，其前脸造型模仿了狮子盯住猎物时流露出的神态，C 柱后方扰流板的造型则以狮子的鬃毛为灵感设计。此外，Savanna 长首短尾的车身比例，以及向外隆起的轮眉，仿佛蓄势待发的狮子一般，给观者带来十足的压迫感。

1978 年 /RX-7
以犀利的造型展现马自达转子理念的神髓

  20 世纪 70 年代，两次石油危机的爆发，使全球消费市场笼罩在低迷、消极的情绪中。与此同时，由于环境污染问题日益严峻，美国政府颁布并实施了更为严格的汽车废气排放法案。因此，高油耗、高排放的大功率跑车，不再像之前那样受到消费者的青睐。不过，当时已将全部精力投入到转子发动机技术上的马自达，还是毅然推出了 Savanna 的后继车型 RX-7。为满足排放标准，马自达为 RX-7 配装了经过优化的 12A 型双转子发动机。车辆工程师基于转子发动机结构小巧的特点，大胆采用了独特的前中置发动机布局，赋予 RX-7 低矮犀利的车身造型。在当时的日本国产车中，RX-7 凭借低矮的发动机舱盖设计，独树一帜地采用了翻转式前照灯。此外，RX-7 所采用的粗壮 C 柱以及曲面后风窗则是传承自前辈 Cosmo Sport 的设计元素。

1980 年 / 第五代 Familia
备受年轻人追捧的红色 XG

  20 世纪 70 年代末,随着福特公司入股马自达,两家企业间的合作关系变得愈发紧密。福特不仅为马自达带来了急需的资金,还将自己的开发设计理念一并注入马自达的产品中。两家企业合作生产的首款车型,是由前置后驱布局改为前置前驱布局的第五代 Familia。在造型上,第五代 Familia 的车身线条看起来硬朗有型,整体造型的设计灵感取自富士山的标志性外形,再辅以主打色红色以及 XG 版本限定装配的黑色车身防擦条,使其散发出一股浓烈的运动气息。这一代 Familia 重新唤起了消费者对运动型轿车的兴趣,上市第二年销量便突破了 100 万辆大关。凭借出色的行驶表现,这一代 Familia 更是为自己赢得了"陆上冲浪者"的美誉。

1981 年 / 第三代 Cosmo

最富科技美感的造型风格

负责第三代 Cosmo 设计工作的是设计师河冈德彦先生。河冈先生曾离开马自达前往欧宝公司任职，在深入学习了欧洲先进汽车设计理念后，他又在通用公司的斡旋下重归马自达。第三代 Cosmo 是河冈先生回归后的第一件作品，它凭借低矮的车身和简洁的外观，实现了仅为 0.32 的风阻系数，这在当时绝对称得上世界顶尖水平。四方造型的翻转式前照灯不仅使第三代 Cosmo 看起来更具跑车魅力，也表达了设计师所追求的科技美感。此外，第三代 Cosmo 的内饰风格十分新潮，通过面积变化来显示车速的电子仪表、仪表板两侧的矩阵式开关以及中控面板上整齐有序的按键，共同营造出一个充满科幻现实主义色彩的驾驶空间。

1989年/MX-5

"人马一体"精神与"匠模师"概念的起点

  1983年,时任马自达设计部部长福田成德先生接到了一项令他兴奋不已的任务——设计一款能让消费者一见倾心的轻型敞篷跑车。接到任务的福田先生没有丝毫犹豫,立刻着手推进研发工作。为充分展现轻型跑车所应具备的独特驾驶乐趣,福田设计团队先是提出了"人马一体"的车辆总体设计精神,而后通过对车身表面光影效果的细腻"刻画",成功打造出体现了马自达"心动"设计理念的全新车型——MX-5。此外,"匠模师"概念也诞生自这一时期。马自达打造MX-5"心动"造型的过程,实际上就是油泥模型师用双手不断感触、探索设计与模型间细微差别的过程,而这份对手工技艺的追求与坚持,也正是如今"魂动"理念所最为倚重的一点。

20 世纪 90 年代

（马自达"心动"理念的兴起）

采用前置前驱布局的第五代 Familia 的热销，使马自达意识到符合时代需求的车辆设计，会让更多客户感受到马自达品牌的价值所在。因此，马自达开始在车辆设计过程中重视车内空间利用率，以及车身空气阻力等一些实用性问题，希望打造出功能更加全面的车型。在这一思想的指引下，马自达推出的以第四代 Capella 为代表的一系列车型，都在欧洲市场取得了不错的成绩。但另一方面，马自达车型个性缺失的问题，也渐渐显露出来。

因此，马自达不得不放慢脚步，静下心来思考自己的产品设计问题：马自达的汽车究竟应该是什么样子？经过反复商讨确认，马自达内部达成一致，最终提出了"心动"这一全新设计指导思想，希望能重新唤起人们初见爱车时的那份欣喜之情，以汽车本初的魅力来打动消费者。

1989 年，马自达推出了首款基于"心动"理念设计的车型——第一代 MX-5。而后，又在 1991 年和 1992 年相继推出了第三代 RX-7、Eunos 500 等一系列拥有优美车身曲线的新车型。简洁的车身造型却拥有丰富的光影效果，这种令人心动的设计表现手法与今天"魂动"理念所强调的手法如出一辙。

1991 年 / 第三代 RX-7

最纯粹的转子跑车

以第一代 MX-5 为起点的"心动"设计理念，在第三代 RX-7 上达到了表现形式上的"高潮"，其中的设计关键词就是"心动与闪耀"。设计车身造型时，马自达开始更加重视行驶过程中车身表面的光影变化。在车身尺寸方面，第三代 RX-7 的车长、轴距和车高均比上一代略有缩小，但车宽增加了 70mm，目的是降低车身重心，从而提高行驶稳定性。此外，为进一步降低车身重量，追求更强劲的运动性能，马自达还效仿日本零式战斗机的设计思路，开展了一项代号为"零式作战"的车身轻量化工程。作为一款跑车，在内饰功能上肯定是以驾驶者为中心的。因此，第三代 RX-7 的中控台采用了流行于 20 世纪 90 年代性能跑车中的一体化布局，而朝向驾驶者的设计形式使中控面板上的所有按键都变得触手可及。

1992 年 /Eunos 500
基于"心动"理念打造的高品质轿车

  Eunos 定位于马自达旗下的高端车系，其中，Eunos 500 是一款追求高品质的四门中级轿车。当时，在欧洲豪华汽车品牌销售的与其定位相似的车型中，十分流行宽大的散热格栅设计，而马自达却反其道行之，为 Eunos 500 选用了相对内敛的格栅款式。Eunos 500 长首短尾的车身比例，以及低矮的曲线造型，则延续了"心动"理念所倡导的设计形式。此外，Eunos 500 涂装了马自达当时最新研制的高反光车漆，号称十年不会褪色。总体来说，Eunos 500 的外观设计虽略显保守，但它同时拥有精巧的车身比例以及优美的造型曲线，这种令人心动的设计表现手法，与今天"魂动"理念所强调的手法如出一辙。

2002年 / 第一代阿特兹
（即我国2003年投产的第一代马自达6，译者注）
拥有无限驾驶乐趣的全新中级车标杆

"Zoom-Zoom"，有如孩子们在模仿发动机轰鸣声时发出的声音。同时，这也是马自达向人们展示铭刻在产品基因中的无限驾驶激情时所发出的呐喊。21世纪初，随着马自达全新品牌理念"Zoom-Zoom"的诞生，意欲成为世界级中级车标杆的第一代阿特兹强势登场。第一代阿特兹分为轿车版、旅行版和掀背版三个版本。马自达在这一阶段的设计主题是"运动"。因此，第一代阿特兹动感洗练且独具魅力的造型设计风格，使人一眼就能在茫茫车海中辨认出这是马自达汽车。而它较低的重心以及圆润的首尾造型，在视觉上给人带来一种重量集中于四个车轮上的感觉。

2005 年 / 第三代 MX-5

追求更强功能性的轻型跑车

以前两代车型为基础,马自达为第三代 MX-5 引入了前沿安全技术和更多实用性功能。第三代 MX-5 不仅传承了马自达引以为傲的"人马一体"精神,还以"简洁""现代""精致""友好"这四个关键词为设计指导思想,向人们展示了一款现代感十足的精致运动跑车应有的风采。第三代 MX-5 的椭圆形首尾造型在保证安全性的同时,还使车身看上去更显小巧。全新平台带来的轻量化车身,不仅提升了第三代 MX-5 的操控乐趣,还使其整体刚性进一步提高。此外,紧凑而不失开敞感的内饰风格,也能瞬间调动起驾驶者的情绪。

MAZDA DESIGN written by Nikkei Design, Junya Hirokawa
Copyright © 2017 by Nikkei Business Publications, Inc., Junya Hirokawa.
All rights reserved.
Originally published in Japan by Nikkei Business Publications, Inc.
This Simplified Chinese edition was published by
China Machine Press in 2019 by
arrangement with Nikkei Busine ss Publications, Inc. through Qiantaiyang
Cultural Development (Beijing) Co., Ltd.
This title is published in China by China Machine Press with license from "Nikkei Business Publications, Inc." This edition is authorized for sale in China only, excluding Hong kong SAR, Macao SAR and Taiwan.Unauthorized export of this edition is a violation of the Copyright Act. Violation of this Law is subject to Civil and Criminal Penalties.
本书由Nikkei Business Publications，Inc. 授权机械工业出版社在中华人民共和国境内（不包括香港、澳门特别行政区及台湾地区）出版与发行。未经许可的出口，视为违反著作权法，将受法律制裁。
北京市版权局著作权合同登记 图字：01-2018-8783号。

图书在版编目（CIP）数据

马自达设计之魂：设计与品牌价值 / 日本日经设计；（日）广川淳哉编著；李峥译. —北京：机械工业出版社，2019.6（2021.6重印）
（我为车狂系列）
书名原文：Mazda Design：Design Branding Business
ISBN 978-7-111-62735-7

Ⅰ. ①马… Ⅱ. ①日… ②广… ③李… Ⅲ. ①汽车工业 – 工业史 – 日本 Ⅳ. ① F431.364

中国版本图书馆 CIP 数据核字（2019）第 091436 号

机械工业出版社（北京市百万庄大街22号　邮政编码100037）
策划编辑：孟　阳　责任编辑：孟　阳
责任校对：黄兴伟　封面设计：马精明
责任印制：孙　炜
北京利丰雅高长城印刷有限公司印刷
2021 年 6 月第 1 版第 3 次印刷
148mm×210mm・7 印张・2 插页・224 千字
4 001—5 500 册
标准书号：ISBN 978-7-111-62735-7
定价：99.00 元

电话服务　　　　　　　　网络服务
客服电话：010-88361066　机　工　官　网：www.cmpbook.com
　　　　　010-88379833　机　工　官　博：weibo.com/cmp1952
　　　　　010-68326294　金　　书　　网：www.golden-book.com
封底无防伪标均为盗版　机工教育服务网：www.cmpedu.com